AF279817

Besonderer Dank ....

an die vielen Freunde die sich geduldig meine Gedanken anhörten und mich ermutigten, dieses Buch zu schreiben.

Nora Strassmann aus Zürich, die mir ihre Zeichnung „Der Schatten da, das ist die Seele des Menschen" für das Cover dieses Buches zur Verfügung stellte.

Pia Schütze, meinem Freund Dr. Gert Lutz und Valeska von Mühldorfer, die das Buch Korrektur lasen.

Neue Seelenlehre
- Sinn des Lebens -

Ralph von Mühldorfer

Bibliografische Information der Deutschen Nationalbibliothek

Die Deutsche Nationalbibliothek verzeichnet diese Publikation in der Deutschen Nationalbibliografie; detaillierte bibliografische Daten sind im Internet über http://dnb.d-nb.de abrufbar

Impressum
© 2008 Ralph von Mühldorfer, Dresden
Coverbild Nora Strassmann, Zürich
Herstellung und Verlag: Books on Demand GmbH, Norderstedt
ISBN: 978383 70 58314

Inhalt

Vorwort

Liebe Leser,

erkenne Dich selbst - die unlösbare Aufgabe des Orakels von Delphi! Viele Menschen
haben keine Orientierung, denn kirchliche und staatliche Institutionen, Sekten, Wissenschaft und "medial Begabte" geben keine befriedigenden Antworten, was der Sinn des
Lebens ist. Der Mensch ist auf der Suche, er sucht sein Heil in der Sucht oder strebt
Einheit an mit anderen Menschen, egal ob in Partnerschaft oder gesellschaftlicher
Gruppe. Letztere hält oft verbissen an ihrem kollektiven Irrtum fest und ist nur schwer
davon zu überzeugen, einen anderen Weg einzuschlagen. Wer sucht, glaubt gefunden zu
haben, wenn Andere die Richtigkeit bestätigen. Es wird nicht weiter hinterfragt oder
nach anderen Lösungen gesucht. Dies ist den meisten unbequem, denn neue Wege müssen gegen teilweise erbitterten Widerstand durch- und umgesetzt werden.

Wir leben in einer Welt der Überinformation, voller Möglichkeiten und vermeintlicher
Chancen. Das Ergebnis ist Verwirrung (babylonisches Sprachgewirr) und der Rückzug
in eine eigene Welt. Ich zeige eine Perspektive, indem ich, gleichsam wie beim Schälen
einer Zwiebel, alle unwichtigen Dinge beiseite lege und den Kern unseres Seins auf
dieser Welt offen lege. Grundsätzlich ist alles Wissen um dieses System in der Menschheit vorhanden. Naturreligionen, Philosophien, Psychologie (die es ja eigentlich ganz
genau wissen müsste) und alle kirchlichen Institutionen beinhalten neben vielen verwir-
renden Informationen und zum Teil Jahrtausende alten Erkenntnissen immer nur Stücke
der Wahrheit.

Die wohl beste Anleitung zur Verbesserung unserer seelischen Entwicklung ist "Das
Buch der Menschlichkeit" vom Dalai Lama. Ich stelle dieses Buch meinen Überlegungen voran und empfehle, dieses **<u>zuerst</u>** zu lesen, auch - um Wiederholungen zu vermeiden, denn ich erachte es als unnötig, von kompetenten Personen Gesagtes zu zitieren
oder sogar neu auszulegen. <u>**Das Weltbild des modernen tibetanischen Buddhismus
ist Grundlage für weiterführende Betrachtungen.**</u> Es ergibt sich zusammen mit meinen Ausarbeitungen und den Ansichten von <u>Jiddu Krishnamurti</u> ein klares Weltbild.
Jeder wird darin bekannte Dinge und sich selbst wieder finden.

Ralph von Mühldorfer

Das seelische System

Der Mensch ist als Bewohner des Planeten Erde ein Teil der ihn umgebenden Natur und deren Bedingungen. Entsprechend ist sein instinktives Verhalten. Das Gesetz des Stärkeren setzt sich bei fast allen Gesellschaftsgruppen dieser Erde fort, es ist Teil der Lebenslust. Marvin Harris hat in seinem Buch "Menschen - Wie wir wurden, was wir sind" alles Weitere beschrieben.

Jedoch unterscheidet sich der Mensch durch vier wesentliche Merkmale von allen anderen Lebewesen

- er hat Bewusstsein (eine Seele)
- er hat Vernunft und Moral
- er hat einen Sinn für Kunst und Musik
- er hat den dauerhaften Wunsch, mit anderen Menschen eins zu werden (Erlösungswunsch + den Wunsch durch Zeugung Seelen aus alten Verwandtschaftsverhältnissen wieder Handlungsfähigkeit zu geben)

Aus diesem letzten Punkt ergibt sich die Notwendigkeit - durch positives Verhalten im derzeitigen Leben - einen nachhaltigen Eindruck bei anderen Seelen innerhalb der Verwandtschaft zu hinterlassen, damit man sich gerne an einen lieben Menschen erinnert und ihm zu einem späteren Zeitpunkt wieder Handlungsmöglichkeit geben möchte.

Das wichtigste Unterscheidungskriterium gegenüber anderen Lebewesen dieser Erde ist jedoch, dass der Mensch in seiner Entscheidung frei ist. Er kann frei seinen Weg wählen, seinen Aufenthaltsort und neuerdings sogar sein Geschlecht. Der Mensch könnte frei sein von alten Moralvorstellungen, gesellschaftlichen und wirtschaftlichen Zwängen. Er kann sich frei entfalten, sagen, denken und tun, was er will - zumindest in den westlichen Ländern. Das ist die wahre Errungenschaft unserer modernen Gesellschaft und deshalb ist sie die beste, in der die Menschen jemals gelebt haben. Durch das Internet sind diese Gedanken und Lebensgefühle weltweit für alle Menschen erfahr- und erlebbar. Sicherlich gibt es noch manche Gesellschaften, die diese neue Freiheit nicht akzeptieren wollen und entschieden gegen diese Gedanken ankämpfen. Doch ist es wahrscheinlich nur noch eine Frage der Zeit, bis auch von dieser Seite her die Vorstellungen angepasst werden. Genauso gibt es in unserer westlichen Welt viele, die vor dieser Freiheit eine unerklärliche Angst haben und in eine lähmende Agonie verfallen

Irgendetwas scheint den Menschen "beseelt" zu haben. Viele glauben deshalb an "Gott" oder irgendeine andere externe Kraft, die uns wohl steuern soll. Unendlich viele Abhandlungen, Philosophien und suchende Texte versuchen, eine Erklärung für dieses Phänomen zu bringen. Da auch die Psychologie (Seelenkunde) keine befriedigenden Antworten findet, ist es an der Zeit, alles Störende wegzulassen und das sich dann klar abzeichnende Bild, aufzuzeigen. Die Definitionen wichtiger Grundbegriffe müssten geändert werden.

Der Mensch hat also wohl eine Seele. Entsprechend dem seelischen Entwicklungsstand ist auch das Bewusstsein des jeweiligen Menschen ausgeprägt. Alle Seelen haben das gleiche Ziel: Sie suchen Glück und wollen Leid vermeiden.

Erlösung - also das Zurückfinden zur Einheit - ist die Hauptmotivation und das Göttliche in uns. Es wird nicht die Erlösung des menschlichen Individuums angestrebt, sondern die Erlösung der jeweiligen Seele. Der Mensch ist in diesem Spiel lediglich das Werkzeug der Seele. Die Seele leiht dem Menschen ihr Bewusstsein, der Mensch der Seele seine Handlungskraft. Somit können Seelen ihr Bewusstsein erweitern, verbessern und aufsteigen, um das Ziel der Erlösung (Einswerdung mit dem Ursprung) zu erreichen.

Dieses System verständlich zu beschreiben, daraus neue Gedankenansätze zu entwickeln ist die Aufgabe dieses Buches. Es ist die erste schlüssige Beschreibung unseres seelischen Ursprungs seit 3.500 Jahren. Es wird Forschenden dienen, neue Wege einzuschlagen und ihre Denkrichtung auf Neues zu konzentrieren.

Leider ist es eine Tatsache, dass die Menschen erst etwas begreifen, wenn sie es in den Händen halten. Die Crux geistiger Werte ist es, dass die nicht gleich praktisch ausprobiert werden können, wie ein neues Auto oder der aktuellste Computer. Dadurch erklärt sich, dass der technologische Fortschritt so rasant voranschreiten konnte, die geistigen Werte aber immer noch weit zurückliegen. Das soll aber nicht davon abhalten, es immer wieder zu versuchen, auch diesen Beitrag zu vermitteln.

Dank dem Internet, das jeden Winkel dieser Welt zu erreichen vermag, und den vielen "wachen Seelen", in jedem Land (ca. 10 % der Weltbevölkerung), ist diese Vision realisierbar, falls es den Menschen gelingt, ihre Verstandesschranke zu überwinden.

Die Seele des Menschen

Durch den so genannten Urknall ist eine große Energieform in Milliarden von Einzelenergien (Seelen) zersplittert. Gemäß dem Energieerhaltungssatz haben alle Elementarteilchen das Bestreben, wieder zur Einheit zurückzufinden. Alle Teilchen haben dieselbe energetische Ladung, somit besteht Anziehungskraft zurück zur Einheit (Johannes Tauler *1301: „Die Seele ist göttlichen Ursprungs und strebt in die Einheit zurück").

Alle Schulen des chinesischen Daoismus streben danach, zum Ursprung zurückzukehren, dies wird in daoistischen Begriffen z.B. die Rückkehr zum Einen, die Rückkehr zum Zustand, bevor es Himmel und Erde gab oder die Erschaffung des kosmischen Embryo genannt.

Dies ist das Hauptproblem aller Seelen. Obwohl alle denselben Weg zur Einheit (Erlösung) hin einschlagen müssen, stoßen sie sich ab. Osho hat festgestellt, dass der Mensch immer alleine sei, so sehr er auch versucht, dem zu entrinnen. Er hat Angst vor Dunkelheit und zieht es vor, sich den Zuschauermassen eines Sport- oder Musikfestes anzuschließen oder auch um jeden Preis eine Partnerschaft einzugehen, nur damit er nicht alleine ist. Alleinsein aber ist das eigentliche Wesen einer Seele. So erhält sie sich ihre Anziehungskraft zurück zur Einheit. Dies ist ein unabänderbares Gesetz. Unglücklicherweise ist darin der Egoismus der meisten Seelen gegründet.

Erlösung wird der Seele aber nur gewährt, wenn sie genau diesen Egoismus überwindet. "Du sollst Deinen Nächsten lieben, wie Dich selbst". Dies erreicht sie, indem sie beginnt, zuvorderst sich selbst mit all ihren Fehlern zu lieben. Ist dies erreicht, kann sie sich mit uneigennütziger Nächstenliebe anderen zuwenden und findet zum Dienst an der Menschheit (siehe auch Agape). Der Umgang mit anderen ist der Sinn des Lebens - hierin liegt das Seelenheil. Eine Seele leiht einem Menschen ihr Bewusstsein und versucht "durch ihn und mit ihm"

- eine liebevolle Hinwendung zu anderen (Teilen und Mitgefühl) zu finden
- anderen Seelen zu Handlungsfähigkeit im Diesseits zu verhelfen
- an der Vision eines zukünftigen besseren Lebens mitzuarbeiten
- die Massenauffassung - auch gegen zum Teil erbitterte Widerstände - zu ändern
  Dazu müssen wir mit anderen weltweit kommunizieren und Unwissende lehren, d.h. für unsere gewonnenen Einsichten werben. Internet und Medien unterstützen uns hierbei.

Das Da-Sein auf dieser Erde zusammen mit dem Tier Mensch ist Mittel zum Zweck. Die eigentliche Heimat einer Seele ist nicht die Erde, sondern die "göttliche" Einheit, die sie einst verlassen musste.

Aristoteles schrieb in "De Anima": "... die Aktivitäten der Seele sind nicht vom Körper der Materie getrennt....". Die Aktivitäten der Seele können nicht allein existieren, sie müssen sich in einem Körper befinden, um zur Erlösung hinzuarbeiten.

Der Weg einer Seele bis zur Erlösung ist für menschliche Zeitverhältnisse unendlich lang und kaum fassbar. Eine Seele verfeinert sich meist erst im Verlaufe von mehreren 10.000 Jahren. Sie "verleiht" immer wieder an einen Menschen ihr Bewusstsein, in der Hoffnung, endlich wieder zur Einheit zurück zu finden.

Entwicklungsstufen der Seelen

1. bindungslose Seelen, die
    a) ihr Bewusstsein noch nie an einen Menschen ausgeliehen haben, oder
    b) "Seelen Verstorbener", denen noch nicht erneute Handlungsfähigkeit durch
        lebende Seelen geschenkt wurde, oder
    c) "vergessene Seelen", die keine Chance auf ein neues Leben bekamen
2. suchende Seelen (ca. 90 % der Seelen, die derzeit ihr Bewusstsein einem Menschen
    gegeben haben)
3. wache Seelen (ca. 10 % der Seelen, die über einen Menschen handlungsfähig sind)
4. erlöste Seelen (99 werden jedes Jahr weltweit geboren)
(5. Übergang zur höchsten Kraft unseres seelischen Universums -> Gott)

Thomas von Aquin hat 1268 in seinem Werk "Questio disputa de Anima" erstmals auf diese unterschiedlichen Seelenklassen hingewiesen: "In der universalen Erkenntnisfähigkeit der geistigen Seele und in ihrer Unmittelbarkeit zu Gott gründet der ontologische Rang der menschlichen Person."

Das Abbild der Menschen überträgt alle Seeleninformationen (siehe Kommunikation). Dies ist der Schlüssel zum Orakel von Delphi ("erkenne Dich selbst"). Die Gesetzgebenden und Mächtigen dieser Welt wollten immer (um ihre irdische Position zu sichern) verhindern, dass die Menschen ihre Seele und die seelischen Gesetzmäßigkeiten erkennen.

Durch das Ansehen (im Spiegel) der eigenen Seele wird bewusst, dass es neben dem momentanen gesellschaftlichen irdischen Konsensus eine seelische Welt gibt, die den richtigen Weg weist. Dies zu erkennen, würde den Widerspruch zu vielen etablierten irdischen Systemen zur Folge haben. Die Menschen brauchen demzufolge keine irdischen Führer, sondern sie brauchen fähige Lehrer (z.B. Dalai Lama), die ihnen beibringen, seelischen Gesetzen zu gehorchen und den richtigen Weg, der ausschließlich die seelische Entwicklung und somit auch die Menschheit in ihrer Gesamtheit fördert, einzuschlagen. Eine positive Entwicklung der Menschheit in ihrer Gesamtheit soll positive Entwicklungsmöglichkeiten für nachfolgende Seelen (letztendlich auch für sich selbst) schaffen, damit diese eine rasche Chance auf Erlösung haben.

Fazit: Den Weg, wie Seelen vom egoistischen zum Gemeinschaftsdenken finden, beschreibt Siddhartha Gautama (Buddha) klar. Es geht zuerst um die Liebe seiner selbst (Annahme der eigenen Fehler), dann um Beobachten und schließlich um das Teilen. Hierunter ist aber nicht nur das Weggeben von einem Teil seines Hab und Gutes (wie Sankt Martin seinen Mantel teilte) zu verstehen, sondern insbesondere Anteilnahme für andere zu entwickeln und ihnen zu helfen (siehe auch Erlösung).

Wichtigstes Ziel der Christenheit ist es, dem Gottessohn Jesus gleich "zur Rechten Gottes" zu sitzen, also in die Gemeinschaft der "erlösten Seelen" aufgenommen zu werden.

Weiterführende Literaturhinweise:

- 926 BC Zarathustra (die Menschen sind frei, sie haben freie Wahl zwischen richtigem + falschem Weg)
- 427 BC Platon (Philosoph; Erkenntnis kommt nur zustande, wenn Seele vorgeburtliches Wissen hat)
- 331 BC Kleanthes (Philosoph: Das Göttliche ist unsere Vernunft)
- 220 BC Hermogenes von Tarsos (Begründer der Statuslehre)
- 354 Augustinus von Hippo (Bischof von Hippo Regius, Begründer des Dualismus, Leib und Seele)
- 774 Kūkai (buddhistischer Mönch in Japan, Gründer des Shingon-shü)
- 1165 Ibn Arabi (Sufi, Advokat der religiösen Toleranz + "Geist der Heiligkeit leitet die Seele")
- 1225 Thomas von Akquin (Unsterblichkeit der Seele + deren Vereinigung mit dem Werkzeug Mensch)
- 1301 Johannes Tauler (Theologe, **Seele ist göttlichen Ursprungs & strebt in die Einheit zurück**)
- 1433 Marsilio Ficino (Philosoph, bewies die Unsterblichkeit der Seele in *Theologia platonica*)
- 1638 Nicolas Malebranche (Philosoph, trennt Leib und Seele des Menschen)
- 1843 Richard Avenarius (Philosoph, entwickelte das "Ökonomieprinzip" für das seelische Leben ...)
- 1875 Carl Gustav Jung (Begründer der analytischen Psychologie)
- 1895 Jiddu Krishnamurti (weder Methoden, Religionen, Lehrer führen zur Wahrheit)
- 1913 Schalom Ben-Chorin (Religionswissenschaftler, setzte sich für christlich-jüdischen Dialog ein)
- 1960 Ralph von Mühldorfer (Aufgaben "wacher Seelen" für die Seelengemeinschaft definiert)

Suchende Seelen (searching souls)

Ca. 90 % der Menschen haben das Bewusstsein einer "suchenden Seele". "Suchende Seelen" sind primär Ich-bezogen. Sie kennen noch nicht den Weg. Sie orientieren ihr ICH zuvorderst an anderen, stellen permanent "Ranglisten" auf, um sich einordnen und vergleichen zu können. Sie schauen nicht nach innen und verlieren sich somit oft im Außen.

Kindern gleich, suchen sie immer nach Führern oder Vorbildern. Trends aller Art, Idolen, Eltern, Arbeitskollegen, Vorgesetzten oder scheinbar Erfolgreichen ahmen sie nach (und versuchen sie zu übertreffen). Sie konsumieren jede Meinung, verwerfen sie wieder, um sie bei passender Gelegenheit wieder aufzugreifen.

"Suchende Seelen" brauchen dauernd Informationen und die Resonanz daraus. Beginnend mit dem Nachbarschaftsschwatz, Talkshows, Zeitung und Nachrichten in Funk und Fernsehen bis zu ratgebenden Büchern, Zeitschriften aller Art. Alles wird konsumiert und doch nicht gespeichert, weil das meiste für den Weg einer Seele vollkommen unerheblich ist. Denn es ist unerheblich, ob es irgendwo auf der Welt ein Unglück gab, welche Haarfarbe nun Königin Victoria hat und wie der tagesaktuelle Börsenkurs der Spekulations-AG steht.

Die Vertreter der "suchenden Seelen" repräsentieren genau das Chaos auf unserer Welt, das es schon immer gab. Mannigfaltige Meinungen und Gegenmeinungen, Statements und Dementi wechseln sich ab. Innere seelische Leere sucht Ersatzbefriedigung in Sucht und Konsum jeder Art. Es ist zugleich auch eine Flucht vor der Realität. Übersteigerter Tätigkeitszwang erzeugt falschen Wettbewerb. "Suchende Menschen" sind meist überfordert. Sie halten fest an falschen Überzeugungen, Verhaltensweisen und Urteilen. Sie setzen falsche Maßstäbe.

"Suchende Seelen" suchen dauernd Bestätigung (Resonanz) ihrer momentanen Erkenntnis und sind deshalb oft bemüht, ihre "Meinung" kund zu tun. Sie reden gerne mit, insbesondere, um festzustellen, in wie weit ihre Position von anderen akzeptiert wird (Einordnungswunsch). Sie verhalten sich wie kleine Kinder, die die Meinung Erwachsener unreflektiert wiedergeben. Stark verhaftet dem irdischen Leben, suchen sie auf dieser Welt ihr irdisches Glück (z.B. Partnersuche). Das Festhalten an kleinsten Errungenschaften (Geld, gesellschaftlicher Position, Partnern, Kindern) sehen sie als Maxim und lassen sie so manchmal zu Philistern oder Schergen falscher Vorbilder werden. Für kleine Vorteile schalten sie den Zugang zu ihrer "inneren Moral" ab und sind somit zu allem fähig. Sie schaffen sich eine Zufriedenheit auf irdischem Niveau, das sie aber langfristig nicht zufrieden stellt.

<u>Seneca</u> im Jahre 51:

„Den einen hält unersättliche Habsucht gefangen, den anderen in überflüssigen Anstrengungen mühevolle Betriebsamkeit, der eine ist vom Weine trunken, der andere verkümmert in Stumpfsinn; [...] viele hält das Streben nach fremder Schönheit oder die Sorge um die eigene fest; sehr viele, da sie nichts bestimmtes verfolgen, jagt die unstete und unbeständige und mit sich selbst zerfallene Haltlosigkeit durch immer neue Pläne; manche können zu keinem Beschluss kommen, wohin sie ihre Bahn richten sollen, sondern in Schlaffheit und Müdigkeit überrascht sie ihr Schicksal..."

Das Vergleichsverhalten erzeugt ein permanentes Wettbewerbsverhalten. Die "Meßlatte" wird somit immer höher gelegt: weiter, höher, besser, reicher, dicker - jedes Maximum ist recht. Die mannigfaltige Wahl der Möglichkeiten, sich vergleichen und den Wettbewerb aufnehmen zu können, wird zur Qual.

Die Lösung hat Stanley Kubrick in seinem Film "eyes wide shut" aufgezeigt. Michael Korth schrieb 2005 das Buch "Die Kunst der Bescheidenheit". Es geht um das Loslassen falscher Überzeugungen und die Abkehr vom gesellschaftlichen Konsensus und um liebevolle Hinwendung zum Mitmenschen. Nur so ist die Wandlung zur „wachen Seele" möglich.

Wache Seelen (present souls)

„Wache Seelen" haben sich qualifiziert (siehe Erlösung) und bekamen neben erbbedingten menschlichen Anlagen und kosmischer Prägung Zugang zur seelischen Welt. Als
"wache Seele" können sie nach einer gewissen Zeit der Übung alle seelischen Informationen von anderen Seelen abrufen, wie:

* Klasse der Seele (suchend, wach, erlöst)
* seelische Prägung (innen, außen, hingebend, nehmend, vergleichend)
* Geschlecht des Gegenüber, dass er/sie im letzten Leben hatte
* tatsächliches Seelenbefinden (Gefühlsspeicher auslesen)

Sie sind somit "suchenden Seelen" überlegen:

* sie glauben daher etwas "Besseres" zu sein, weil sie mehr sehen und tiefere
  Erkenntnis haben
* sie handeln oft zwanghaft von innen getrieben, haben Gestaltungswillen und eine
  hohe Leistungsbereitschaft
* sie können sich nicht mit der Unvollkommenheit "normaler Menschen" abfinden
* sie entziehen sich oft der realen Welt, denn sie glauben nicht daran, dass sie
  aufgrund der zahlenmäßigen Überlegenheit "suchender Seelen" etwas verändern
  können
* deshalb schaffen sie manchmal ihre eigene heile Welt im Kleinen und ziehen sich
  dahin zurück
* sie neigen zur Dekadenz
  (infolge Überfeinerung entartet und ohne Kraft (Duden). Typisches Beispiel: Der Film Gattaca.)

Trotzdem sind sie....

- unbedingt zuverlässig (primäre Eigenschaft)
- integer
- selbständig denkend, d.h. sie orientieren sich nicht an anderen,
  an Zeitströmungen, Mode- oder gesellschaftlichen Trends
- gestaltungswillig und -fähig
- selbstbestimmt
- konsequent
- hoch lernfähig und -bereit
- aufmerksam
- kulturell und gesellschaftlich interessiert bzw. aktiv
- meist selber künstlerisch oder musisch tätig (zumindest in ihrer Freizeit)
- anderen Seelen selbstverständliche und unentgeltliche Helfer
  (z.B. Heilsarmee oder Vereine etc.)
- dem irdischen Geschehen stark verbunden
- Realisten
- ohne echte finanziellen oder existenziellen Sorgen
- nie lange arbeitslos

Diese Seelen sind sich ihrer höheren Stellung bewusst. Sie neigen zur Dekadenz (*), die sie durch Hinwendung zum "normalen Leben" überwinden müssen, um seelisch aufzusteigen und erlöst zu werden.

Ich bezeichne diese Seelen als "wache Seelen". Ich gehe davon aus, dass unter zehn Seelen eine solche Seele lebt.

Nachdem eine "wache Seele" ihren Weg zu den Mitmenschen weiter gegangen ist, wird sie erlöst. Sehr interessant ist, dass im von China unterdrückten Volk der Kailash (Tibet) eine ungewöhnlich hohe Anzahl "wacher Seelen" lebt. Sie sind trotz aller von außen aufgezwungenen Härten friedfertig, glücklich, lachen und feiern miteinander. Wussten Sie, dass die meisten gemeinnützigen Stiftungen auf der Welt von "wachen Seelen" errichtet wurden?

Erlöste Seelen

Nachdem eine "wache Seele" ihre letzten Lektionen erlernt und verinnerlicht hat, wird sie erlöst. Ihr Individualbewusstsein wird ergänzt um den klaren Auftrag der "göttlichen Gemeinschaft", der Menschheit zu dienen. Sie erarbeitet in ihrem darauf folgenden letzten Erdenleben als "erlöste Seele" wichtige Erkenntnisse oder Erfindungen für die Menschheit, so wie Prometheus beauftragt wurde, den Menschen das Feuer zu bringen. Er war auch durch die Androhung drastischer Strafen nicht davon abzubringen. Eine "erlöste Seele" dient in dem Bereich, der zu ihrer Individualseele passt (Mozart hatte bereits einen großen musikalischen Hintergrund aus früheren Leben). Sie handelt nicht von sich aus als individuelle Seele, sondern im Auftrag der "Gemeinschaft der erlösten Seelen" (siehe "Gott"). Ihre Wichtigkeit für die Menschen kommt aus ihrem Da-Sein.

Alexander Pope schrieb ein berühmtes Gedicht über Sir Isaac Newton:

- Nature and nature's laws lay hid in night
  (Natur und der Natur Gesetze waren in Nacht gehüllt)
- God said Let Newton be! and all was light
  (Gott sprach: Es werde Newton! und alles ward Licht.)

Eine "erlöste Seele" orientiert sich nicht an anderen und kann auch gut mit sich alleine sein. Nach Abschluss ihres Auftrages geht sie in die Gesamtenergie "der höchsten Kraft des seelischen Universums" über und verliert somit ihren Individualcharakter. Innerhalb der "göttlichen Gemeinschaft" hat sie ein ewiges Leben.

Uns sichtbar sind sie als ganz besondere Menschen, die uns heute als Vorbilder dienen oder Entwicklungen ermöglichten. Sie waren zu Lebzeiten meist keine Berühmtheiten, waren oder sind unbequeme Querdenker und halten sich nicht an gesellschaftlich vorgegebene Normen, Denkmuster oder Vorurteile. Sie sind bereit, für ihre Ideen notfalls zu sterben (z.B. Jean d´Arc, Jan Huss, Galilei, Qui Jin etc.). Oft werden ihre Ideen erst viele Dekaden nach ihrem Ableben realisiert oder von anderen aufgegriffen und zu einem (wirtschaftlichen) Erfolg geführt. Es kann aber auch sein, dass sie lebenslang andere ganz besondere Menschen fördern, wie Margarete Peutinger ihrem Mann zuarbeitete oder Theo van Gogh seinem erfolglosen aber begnadeten Bruder Vincent. Erst im 20. Jahrhundert wurden Vincents Bilder letztendlich zu den höchstbezahlten aller Zeiten. Durch diese Personen wirkt die "göttliche Kraft". Sie sind der Beweis dafür, dass durch sie die Menschheit gelenkt wird, auch wenn dies dem Individuum meist nicht bewusst wird. Siehe hierzu auch Meister Eckhart, der davon ausging, dass „Gott (Anm. d. V. in Form der "erlösten Seelen") ständig schöpferisch tätig ist".

Untenstehend die Liste "erlöster Seelen" in einer Grobsortierung. Die Liste erhebt nicht den Anspruch auf Vollständigkeit. Ca. 3.000 „erlöste Seelen" habe ich bis Ende Januar 2008 gefunden. Diese Seelen ordneten, systematisierten und wurden somit die Begründer wichtiger Erkenntnisse, so wie Leonardo da Vinci, der die ersten Flugapparate beschrieb, nicht also Lilienthal, der diese Grundidee letztendlich realisierte. Gehen Sie ruhig einmal die einzelnen "erlösten Seelen" durch und machen sich die Mühe, herauszufinden, was sie so einzigartig macht. Sie bekommen ein ganz neues Bild unserer Weltgeschichte. Jeder Einzelne von ihnen erarbeitete in seinem Leben wichtige Schlüsselerkenntnisse aus ganz unterschiedlichen Bereichen. Ihre Tätigkeitsfelder sind genauso bunt und vielfältig, wie das menschliche Dasein insgesamt, seien es Naturwissenschaften, Kunst, Gesellschaftsformen oder Weltsicht.

Die "erlösten Seelen" sind der Beweis dafür, dass unser seelisches Dasein eine permanente Entwicklung ist - es gibt also keine fertige göttliche Idealwelt (die in die Zukunft blicken kann), sondern klare Vorgaben, innerhalb derer wir uns weiterentwickeln sollen. Das Wesen der Menschheit ist aber, dass die Menschen immer wieder empfindliche Rückschläge erleiden, seien es selbst verursachte (z.B. Krieg, Umweltschäden etc.) oder von Außen kommende, wie z.B. Naturkatastrophen. Nur so ist es erklärbar, dass die Menschen sich in Europa fast 2.000 Jahre nicht gewaschen haben und ihre Exkremente einfach auf die Straße gossen, obwohl Inder, Griechen und Römer bereits vor 3.500 Jahre Bäder in Toiletten kannten. Die Liste der Beispiele kann nahezu unendlich fortgesetzt werden.

Es ist auch eine Tatsache, dass die Bemühungen der "erlösten Seelen" oftmals zunächst erfolglos bleiben, weil die Menschheit sie ignorierte. Ein faszinierendes Beispiel ist Demokrit, der 460 vor Christus die Funktionen von Atomen und Molekülen beschrieb. Erst ab dem 19. JH wurde die Atomphysik eine anerkannte Wissenschaft. Dazwischen liegen 2.300 Jahre!

Vielleicht müssen wir uns auch an andere Zeitdimensionen gewöhnen? Das widerspricht aber unserer Ungeduld und dem Wunsch, die Menschheit permanent voranzubringen und dem begrenzten Horizont des Einzelnen, der nur die Spanne seines aktuellen Lebens sehen mag..

Die alten Griechen verankerten das treibende Prinzip dieser großartigen Seelen in ihrer Götterwelt im vorausdenkenden Prometheus, der die Menschen schuf, sie leitete und mit Wissen versorgte. Gleichsam einem modernen Ozeandampfer, dem einmal ein Kurs eingegeben wurde und der dann nicht mehr zu stoppen ist, ließ Prometheus von seinem

Vorhaben nicht ab, obwohl er genau wusste, dass er eine drastische Strafe zu erwarten hatte.

"Erlöste Seelen" sind ganz Mensch, wie wir alle, aber beseelt von einer großen Mission, die auch tatsächlich realisiert werden kann. Sie sind praktisch veranlagt, sprechen eine klare allgemein verständliche Sprache und haben nichts verklärt Weltfremdes an sich. Viele Veröffentlichungen machten sie bewusst in ihrer Muttersprache, denn sie wollten ihre Erkenntnisse stets der Allgemeinheit zugänglich machen.

"Erlöste Seelen" zählen zu den echten Wohltätern der Menschheit. Sie formulieren Gedanken, die auch tatsächlich praktisch umsetzbar sind und uns allen weltweit großen Nutzen bringen. Ihre Segensbringungen sind rein selbstlos und daher für viele Menschen unverständlich (z.B. Ausgleich des Kräfteverhältnisses Ost-West durch Günther Guillaume oder das autokratische System von Lee Hsien Loonq in Singapur). Sehen wir weiter zurück, so waren den Menschen auch die Ideen von Galileo Galilei oder Giordano Bruno fremd - heute lachen wir über die Ignoranz der damaligen gesellschaftlichen Führung, genauso wie künftige Generationen über uns lachen werden.

Buddhistisch-indische Sichtweise

Es gibt keinen Schöpfergott im monotheistischen Sinn, der für irgendetwas verantwortlich gemacht werden kann. Alle Seelen sind für die sie umgebende Welt eigenverantwortlich. Sie bekommen jedoch immer wieder Hilfe durch "erlöste Seelen" (Buddhas), die das letzte Mal auf dieser Welt sind. Ein Jivanmukti (lebendiger Befreiter) ist bereits erlöst, also kein Individuum im Sinne der Seelengemeinschaft, sondern ein Gesandter der höchsten Kraft unseres seelischen Universums mit einem ganz besonderen Auftrag. Sein Bewusstsein ist "göttlich". Nur haben die Gläubigen weltweit nicht erkannt, dass Buddhas immer neue Bereiche für die seelische Gemeinschaft weiterentwickeln.

Wie viele Erlöste gibt es?

Ich behaupte, dass zeitgleich auf der ganzen Welt jedes Jahr 99 "erlöste Seelen" geboren werden, d.h. im und durch den Menschen handlungsfähig sind. Sehen wir 3.000 Jahre zurück, weil wir die noch halbwegs brauchbar dokumentieren konnten, dann lebten in dem Zeitraum ca. 300.000 Erlöste.

Leider ist uns nur ein Teil davon bekannt - auch weil wir nur den Gesichtskreis unserer eigenen Geschichte haben. Insbesondere fehlen viele Seelen, die an Frauen ausgeliehen wurden, die meist ihr Werk weniger spektakulär als Jean 'd Arc verrichtet haben oder dem Matilda-Effekt zum Opfer fielen? Nehmen wir z.B. die großartige Abigail, eine der Frauen von David ca. 1.000 BC oder Trotula, die Hebamme oder Louise Henriette von Brandenburg, die ihre Mitgift einsetzte, um das zerstörte Brandenburg nach dem 30jährigen Krieg wieder aufzubauen.

Der **Dalai Lama** sagt: "Es ist ein Irrglaube, durch Zurückziehen in eine spirituelle Welt Erleuchtung und Erlösung zu erreichen. Nur durch liebevolle Hinwendung zur realen Welt kommen wir weiter."

Genau das zeigen uns all diese "erlösten Seelen". Sie sind seit Anbeginn der Welt bis zum heutigen Tag unter uns. Sie sind in allen menschlichen Bereichen tätig, zeigen, helfen, protestieren, erfinden und kämpfen für eine zukünftige bessere Welt, in der andere Seelen bessere Entwicklungsmöglichkeiten haben.

Wie alle anderen Menschen sind die "erlösten Seelen" fehlbar (da erschließt sich, dass Gott - wir alle sind Teil von Gott - fehlbar ist) und verwenden manchmal Methoden, die sich im Nachhinein als zweifelhaft herausstellen. Das aber ist eines der Hauptprinzipien unserer Seelenwelt. Alles ist ein permanenter Versuch, etwas weiter voranzubringen. Er ist erfolgreich oder er scheitert - dann beginnen wir morgen oder in mehreren Jahren, Dekaden oder Jahrhunderten noch einmal.

Es gibt keine Vorherbestimmung. Die Lenkung durch unser höheres Wesen (Gott), beschränkt sich auf den ernsthaften Versuch, Missstände dieser Welt zu ändern. Es gibt dementsprechend keine Zukunftsschau - auch wenn wir alle dies glauben möchten. Der Ausgang unseres Weges ist ungewiss - auf unser redliches und permanentes Bemühen um Veränderung der bestehenden Missstände kommt es an. Es wird belohnt durch die Verschmelzung mit der "größten Kraft unseres seelischen Universums".

Erlöste Seelen vor Christus (BC = before Christ)

Sortiert nach Geburtsjahr soweit bekannt - der Link weist WIKIPEDIA, bauz.de, ngiyaw-Books, andere Informationsquellen und die österreichische Nationalbibliothek für weitere Hintergrundinformationen, soweit vorhanden.

- ca. 15 Mio. BC erste intelligente Lebewesen entsteigen dem Meer
- 6 - 7 Mio. BC der Mensch lernt das Laufen
- 30.000 BC der Mensch kennt schon Zahlen
- 35.000 BC der Mensch nutzt schon Feuer
- 7500 BC Noah rettete viele Menschen vor der Sintflut
          (Phoenix: Naturkatastrophe am Bosporus mit anschließender Völkerwanderung)
- vor 5000 BC "Erfindung" der Schrift (erste primitive Einritzungen)
- 5000 BC erste Sonnenuhren in Ägypten
- 5000 BC Erfindung des Rades und Bau der ersten Schiffe
- 4500 BC Erfindung des Brotbackens in Ägypten
- 3060 BC Menes (vereint Ober- + Unterägypten zum altägyptischen Reich)
- 3000 BC Astrologie in Ägypten nachweisbar
- 3000 BC Erfindung des Pfluges und des Webstuhles
- 2700 BC Imhotep (Universalgenie, der ein neues Bewässerungssystem entlang des Nils schuf)
- 2500 BC erste Frisch- und Abwasserkanäle in der Stadt Harappa (Indien)
- 2500 BC Hochkultur in Mohenjo Daro
- 2223 BC Sar-Kali-arri (sumerischer König von Akkad löste Herrschaftshaus auf)
- 2025 BC KAWIT (Nebenfrau des Menuhotep II entscheidender Einfluss auf die Einigung Ägyptens)
- 2000 BC Turmbau in Babylonien (erstes Hochhaus der Welt)
- 1587 BC Tetischeri (setze sich für den Befreiungskampf Thebens ein)
- 1250 BC Hunefer (königlicher Schreiber, der großen Einfluss hatte)
- 1250 BC Agamemnon (erschuf in Mykene ein blühendes Königreich + führte Krieg gegen Troja)
- 1200 BC Joshua (Landnahe von Kanaan und Nachfolger Moses)
- 1090 BC Heribor (errichtet den thebanischen Gottesstaat)
- 1100 BC Erfindung des Kompasses und der Papierproduktion in China
- 1000 BC Abigail eine Frau von David (opferte sich selber um den Stamm ihres Mannes Nabal zu retten)
- 999 BC König Hiram (Begründer des phönizischen Reiches + Handel zwischen Orient + Mittelmeer)
- 930 BC König Salomo (sicherte Frieden in Israel d. Einrichtung von 12 selbstverwaltenden Bezirken)
- 926 BC Zarathustra (die Menschen sind frei, sie haben freie Wahl zwischen richtigem + falschem Weg)
- 726 BC Micha (jüdischer Prophet prangerte den Unsinn von Religionen an - griff Machthabende an)
- 708 BC König Manasse (baute als Freigeist Juda wieder auf und führt assyrischen Gottesdienst ein)
- 660 BC Kallinos (griechischer Dichter, Erfinder der Elegie)
- 670 BC Kalimachos (Berater der ptolemäischen Königin, Leiter der Bibliothek in Alexandria)
- 652 BC Kyaxares II (befreite die Meder von der skythischen Herrschaft)
- 610 BC Anaximander (fand den "Ursprung allen Seins")
- 587 BC Pythagoras (Wissenschaftler, entwickelte den Satz des Pythagoras)
- 563 BC Siddhartha Gautama (Buddha)
- 560 BC Ergotimos (schuf moderne Keramikarbeiten)
- 551 BC Konfizius (Begründer vernunftbetonten Verhaltes in China)
- 550 BC Miltiades (rettete Athen vor den Persern und gewann die Schlacht bei Marathon)
- 549 BC König Dareios (erneuerte durch vorbildhafte Verwaltungsstruktur das persische Riesenreich)
- 540 BC Heraklit (Philosoph: übte heftige Kritik an den Bürgern seiner Stadt)
- 526 BC Laotzi (erstellte beeindruckende Chroniken über die Geschichte Chinas)
- 514 BC Harmodios (machte den Weg zur attischen Demokratie frei)
- 510 BC Kimon (erreichte Waffenstillstand mit Sparta)
- 500 BC Phidias (berühmtester Bildhauer der Antike, mixte als erster Materialien
          + Erbauer der Akropolis in Athen)

- 484 BC <u>Herodot</u> (realistischer Theoretiker, überlegte Staatsformen, Verfassungen + Zukunft Europas)
- 480 BC <u>Skylax von Karyanda</u> (entdeckte neue Seewege)
- 480 BC <u>Antiphon</u> (Strafverteidiger, verteidigte des Mordes Angeklagte)
- 470 BC <u>Aspasia von Milet</u> (Philosophin und berühmte Gesellschaftskritikerin)
- 469 BC <u>Sokrates</u> (Philosoph, glaubte nicht an die Götter Athens, sondern an die Liebe - Hinrichtung)
- 465 BC <u>Hippokrates von Chios</u> (Mathematiker und Lehrer der Geometrie ...),
- 462 BC <u>Kritias</u> (sehr umstrittener Politiker schrieb aber als Dichter die erste Tragödientrilogie)
- 460 BC <u>Leukippos von Milet</u> (gründete eine Philosophenschule in Abdera)
- 460 BC <u>Demokrit</u> (Physiker, postulierte erstmals, dass die Materie aus Atomen zusammengesetzt ist)
- 460 BC <u>Mikon</u> (griechischer Maler und Bildhauer)
- 444 BC <u>Konon</u> (Feldherr, ließ Athen durch seine Bündnis- und Eroberungspolitik wieder erstarken)
- 443 BC <u>Erinna von Thelos</u> (...)
- 436 BC <u>Isokrates</u> (eröffnete in Athen eine Rednerschule)
- 430 BC <u>Lysander</u> (verschlüsselte als erster militärische Botschaften durch <u>Skytale</u>)
- 430 BC <u>Hippias von Elis</u> (Mathematiker, fand wichtige Formeln in der Geometrie)
- 427 BC <u>Platon</u> (Philosoph; Erkenntnis kommt nur zustande, wenn die Seele vorgeburtliches Wissen hat)
- 426 BC <u>Xenophon</u> (Schriftsteller, schrieb "Die Erziehung des Kyros ...)
- 400 BC <u>Ephoros von Kyme</u> (Geschichtsschreiber, erstellte die erste Universalgeschichte Griechenlands)
- 400 BC <u>Hanno der Seefahrer</u> (Phönizier, entdeckte neue Reise- und Handelswege)
- 400 BC <u>Ephoros von Kyme</u> (griech. Historiker, trennte historische von geografischen Gegebenheiten)
- 401 BC <u>Ktesias aus Knidos</u> (kritisiert die Dekadenz des persischen Hofes)
- 392 BC <u>Diogenes von Siope</u> (Philosoph, kritisierte die Not der Menschen in der hellenistischen Zeit)
- 390 BC <u>Phryne</u> (damals undenkbar: forderte als Frau das griechische Establishment heraus und gewann)
- 384 BC <u>Aristoteles</u> (zeigt die wichtigsten mathematischen Zusammenhänge)
- 370 BC <u>Kallisthenes von Olynth</u> (Historiker Alexanders des Großen, lehnte die <u>Proskynese</u> gegenüber
        weltlichen Herrschern ab)
- 366 BC <u>Dschuang Dsi</u> (chinesischer Philosoph, entwickelte Perspektive auf die Welt, bis heute gültig)
- 363 BC <u>Hekataios von Abders</u> (Historiker, erforschte die Geschichte Ägyptens)
- 362 BC <u>Pyrron von Elis</u> (der Wahrheitsgehalt ist weder durch Sinne noch Urteile eindeutig feststellbar)
- 356 BC <u>Alexander der Große</u> (schuf ein blühendes Perserreich mit humaner Verwaltung der Besiegten)
- 350 BC <u>Mesasthenes</u> (erforschte als Grieche detailliert Indien und trug so zur Völkerverständigung bei)
- 331 BC <u>Kleanthes</u> (Philosoph, begründet die <u>Stoa</u>: Das Göttliche ist unsere Vernunft)
- 306 BC <u>Hieron II</u> (entwickelte und baute große Schiffe bis 81 m)
- 285 BC <u>Hegesias von Magnesia</u> (Rhetoriker verteidigte eigenständige Rechte der Bewohner von Gasa)
- 280 BC Mantheo (in Arbeit)
- 276 BC <u>Chrysippos von Soli</u> (systematisierte die stoische Lehre in Ethik, Logik, Physik)
- 273 BC <u>Mahinda</u> (verkündete den Wohlfahrtsstaat und brachte den Buddhismus nach Ceylon)
- 260 BC <u>Mimamsa</u> (Erörterung der indischen Philosophie)
- 226 BC <u>Nägasena</u> (buddhistischer Weiser, schrieb eine grundsätzliche Einführung in der Buddhismus)
- 220 BC <u>Hermogenes von Tarsos</u> (Begründer der <u>Statuslehre</u>)
- 207 BC <u>Livius Andronicus</u> (Begründer der lateinischen Literatur)
- 200 BC <u>Heron von Alexandria</u> (Ingenieur, erfand die Aeolipile - Hitze als treibende Kraft)
- 178 BC <u>Panaitios</u> (Philosoph, Begründer der mittleren <u>Stoa</u> schuf Ethiklehre, Seele des <u>Epikur</u>!)
- 133 BC <u>Philon von Larissa</u> (misstraute der menschlichen Fähigkeit zur Erkenntnis der Wahrheit)
- 150 BC <u>Kritolaos</u> (baute eine Philosophenschule in Peripas auf)
- 106 BC <u>Marcus Tullius Cicero</u> (Anwalt, vertrat u.a. das einfache Volk gegen korrupte Beamte)
- 100 BC <u>Publius Syrus</u> (entwickelte die Theaterform <u>Mimus</u>, die bis heute unter Sex-&Crime
        + Aktion bekannt ist)
- 98 BC <u>Titus Lukretus Carus</u> (verurteilt Verfall des Adels, Pazifist, bezweifelt Existenz von Göttern)
- 94 BC <u>Clodia</u> (aufgeweckte lebenslustige Frau die sich politisch engagierte)
- 70 BC <u>Diodorus aus Sizilien</u> (griechischer Historiker)
- 70 BC <u>Vergil</u> (Meisterdichter der Antike)
- 68 BC <u>Horaz</u> (Dichter, kritisierte die damaligen Zustände)

- 63 BC <u>Strabon</u> (verfasste ein umfassendes Werk der antiken Geschichte, bearbeitet durch <u>Groskurd</u>)
- 60 BC <u>Geminos</u> (Astronom, nahm als erster an, dass die Erde eine Kugel sei)
- 43 BC <u>Ovid</u> (Dichter, schrieb u.a. viel über die Liebeskunst und „<u>Epistulae ex Ponto</u>")
- 35 BC Theodorus von Gadara (...)
- 33 BC <u>Vipsania Agrippa</u> (heiratete Kaiser Tiberius ...)
- 25 BC <u>Aulus Cornelius Celsus</u> (Arzt, beschrieb u.a. die 4 Zeichen einer Entzündung)
- 10 BC <u>Gaius Stertinius Xenophon</u> (berühmter Arzt des Asklepion auf Kos)
- 10 BC <u>Claudius</u> (röm. Kaiser, lehnte es ab, als Gott verehrt zu werden)
- 2 BC <u>Judas Ischariot</u> (Jude kämpfte gegen die Römer und benutzte Jesus für sein Vorhaben)
- 1 BC <u>Johannes der Täufer</u> (der eigentliche Begründer der modernen Christenheit)
- 1 BC <u>Seneca</u> (Philosoph, verzichtete auf seine Macht in Rom und wurde Naturforscher)

Erlöste Seelen 0 – 1000

-    3 Paulus (Apostel, erster Theologe des Ur-Christentums und sehr erfolgreicher Missionar)
-   22 Vitruv (Ingenieur, baute das Wasserversorgungsnetz in Rom aus)
-   39 Titus (röm. Kaiser, leitete umfangreiche Hilfsmaßnahmen nach dem Ausbruch des Vesuvs)
-   40 Marcus Valerius Martialis (prangerte den Unterschied zwischen Arm und Reich im alten Rom an)
-   50 Clemens von Rom (Bischof hielt kleine Gemeinde in Rom durch Glauben + Liebe zusammen)
-   70 Paipas von Hierapolis (Kirchenvater, veröffentlichte wichtige Erkenntnisse im frühen Christentum)
-   90 Marcion (Theologe, entrümpelte die Lehren der Kirche und wurde deshalb Erzketzer genannt)
- 121 Mark Aurel (röm. Philosophen-Kaiser, verfasste die "Selbstbetrachtungen" ...)
- 125 Apuleios von Madaura (Philosoph, schrieb Metamorphosen, den 1. lateinischen Roman der Antike)
- 139 Irenäus von Lyon (Bischof, gilt als erster systematischer Theologe)
- 150 Titus Fabius Clemens (vertrat Ansichten der Gnosis, wurde 1748 aus Heiligenkalender gestrichen)
- 170 Claudius Aelianuns (Sophist, beschäftigte sich mit dem lenkenden Eingreifen "Gottes" ...)
- 185 Origenes Adamantius (starb für seine klaren Bibelkommentare + deutliche Kirchenkritik grausam)
- 204 Plotin (Philosoph, das Universum wurde nicht durch Willensakt eines Schöpfergottes geschaffen)
- 216 Mani (Religionsstifter verband den Buddhismus mit Christentum, Erkenntnisse über die Seele)
- 220 Diogenes Laertius (kritisiert den Monotheismus)
- 220 Minicius Felix (...)
- 231 Heiliger Laurentuius von Rom (gab das Vermögen seiner Kirche an Mitglieder seiner Gemeinde)
- 280 Heilige Afra von Augsburg (lehnte es ab, dem Kaiser als Gott zu opfern und wurde enthauptet)
- 293 Arius (streitbarer Kirchengelehrter "Gott kann die Welt nur durch Mittler (Logos) erschaffen")
- 300 Heliodorus von Emesa
- 335 Gregor von Nyssa (kappadokischer Bischof, zeigte die Grenzen des seelischen Universums)
- 343 Kumarajiva (...)
- 344 Kumarajiva (buddhistischer Mönch in Indien übersetzte Sanskrit-Texte)
- 346 Daoheng (...)
- 354 Augustinus von Hippo (Bischof von Hippo Regius, Begründer des Dualismus, Leib und Seele)
- 363 Sengyan (...)
- 370 Synesios von Kyrene (bewunderte als katholischer Bischof die heidnische Philosophin Hypatia)
- 370 Hypatia (hatte als Frau in Alexandria den Lehrstuhl für Philosophie inne)
- 371 Sengrui (...)
- 372 Daorong (chinesischer Buddhist ...)
- 400 Kalidasa (hochangesehener indischer Dichter)
- 419 Gelasius I (3. afrikanischer Papst)
- 425 Kriemhild (Sage mit anscheinend wahrem Hintergrund)
- 440 Bodhidharma (erkannte die muntermachende Wirkung von Tee)
- 442 Eznik von Kolb (armenischer Gelehrter, übersetzte Bibel ins Armenische + Freiheit des Menschen)
- 470 Nagpopa (die eigentliche Lehre des Buddhismus ist die Liebe)
- 475 A.M.T.Severinus Boetius (Philosoph, ...)
- 536 Leovigild (stellte von Toledo aus die westgotische Einheit wieder her)
- 573 Johannes Klimax (Abt, erkannte, nur die "Liebe" führt zur göttlichen Einheit)

- 590 Harscha (indischer Großkönig der 30 Friedensjahre regierte, führte den Buddhismus in Indien ein)
- 600 Vagbhata (indischer Arzt, erstellte Überblick der damaligen indischen Heilmethoden)
- 630 Konstanz II (stritt um kirchliche Grundsatzfragen mit dem Papst)
- 633 Habib-ibn Salim Rai (bedeutender Lehrer des Islam ...)
- 635 Yi Jing (Mönch in China, sammelte auf seinen Reisen 500.000 buddhistische Verse ...)
- 638 Hui Neng (chinesischer Meister des Chan-Buddhismus ...)
- 642 Al-Hassan al-Basri (Autorität auf dem Gebiet der Koranwissenschaften ...)
- 648 Kallinikos aus Heliopolis (Alchemist und Erfinder des "griechischen Feuers")
- 712 Abu Musa Dschabir ibn Hayyan (Vater der Chemie)
- 742 Liutger (Missionar, missioniert die Westfalen (damals Sachsen) friedlich ohne Zwangsmittel)
- 748 Karl der Große (einigt weite Teile Europas erstmals)
- 750 Bischof Hildegrim (Gründer des Bistums Halberstadt)
- 756 Bischof Thiatgrim (2. Bischof von Halberstadt)
- 774 Kūkai (buddhistischer Mönch in Japan, Gründer des Shingon-shü)
- 781 Rabanus Maurus (Abt, formulierte die "7 Gaben des Heiligen Geistes")
- 788 Shankara (hinduistischer Philosoph, Erlösung ist Eigenverantwortung des Menschen)
- 798 Yahya´ibn Muadh ar-Razi (persischer Sufi ...)
- 799 Judith (Kaiserin, ...)
- 820 Ibn Chordadhbeh (Generalpostmeister in Persien beschrieb Handelsrouten und Kurierstrecken)
- 820 Dschunaid (Sufi forderte, Vorbild für die Menschen zu sein + dort zu helfen)
- 830 Muspili (mittelhochdeutsche mystische faszinierende Geschichte, Verfasser nicht bekannt)
- 839 Kaiser Karl III (vereinte für kurze Zeit wieder das Reich von Karl dem Großen)
- 850 Hatto II (Bischof von Mainz, gestaltete die weltliche Politik seiner Zeit)
- 862 Mojmir II (verteidigte die Unabhängigkeit Großmährens)
- 864 Abu Bakr Mohammad Ibn Zakariya al-Razi (pers. Arzt, entdeckte psychische Seite der Medizin)
- 895 die heilige Mathilde (war Wohltäterin der Armen)
- 900 Entwicklung der Musik-Notenschrift
- 914 Hugo Capet (rettete den Erzbischof Adalbergo von Reims vor Gericht das Leben)
- 920 Hakon (der Gute)
- 935 Hrotsvit von Gandersheim (erste deutsche Dichterin, trat für Frauenbildung ein)
- 939 As-Sulami (Mystiker, verfasste ein Wörterbuch der sufistischen Begriffe)
- 947 Baba Taher (persischer Dichter ...)
- 949 Symeon der Theologe (...)
- 949 Mathilde II (Äbtissin, baute für Essen die erste nachgewiesene Wasserversorgung)
- 955 Irmgard von Lothringen (...)
- 976 Meinwerk (Modellbischof der vorgregorianischen Zeit, sanierte Paderborn von Grund auf)
- 978 Abu´Said (persischer Sufi, entwickelte die sufistische Tradition)
- 980 Otto III (wollte die Wiedervereinigung Europas herbeiführen, starb aber mit 21 Jahren)
- 980 Avicenna (oder Ibn Sina, persischer Arzt, berühmtester Wissenschaftler des Islam ...)
- 995 Abu Bakr al-Kalabadhi (Verfasser des Kiab at-ta´arruf, das bedeutendste Werk des Sufismus)
- 1000 Ibn al-Haitam (Erfinder von geschliffenen Linsen/Brillen)
- 1000 Leif Erikson (Wikinger entdeckte Amerika)
- 1000 Kartarer (bezeichneten sich als wahre christliche Kirche, Bewegung aus dem Süden Frankreichs)
- 1000 China, erste Pockenschutzimpfung

Erlöste Seelen 1001 – 1500

- 1002 Stefan I (Champagne) (machte sich um den Weinbau in der Champagne verdient)
- 1005 Papst Clemens II (wichtiger Kirchenreformer, der wohl vergiftet wurde)
- 1006 Amaqjuaq (Iniuit, half Menschen half, persönliche Besitzgier zu überwinden) Film: Atanarjuat
- 1022 Harald II (England) (verteidigte England vor der Normannen)
- 1025 Agnes von Poitou (schaffte mit ihrem Mann Kaiser Heinrich III Faustrecht + Privatrache ab)
- 1027 Bruno von Köln (zog das einfache Leben einem Bistum vor)
- 1051 Mi Fu (berühmter chinesischer Maler)

- 1090 <u>Bernhard von Clairvaux</u> (Mystiker, einer der bedeutendsten Mönche des Zisterzienserordens)
- 1090 <u>Trotula</u> (Hebamme, erstellte ein umfassendes Werk über Gynäkologie & Geschlechtskrankheiten)
- 1092 <u>Ahmad Ghazali</u> (persischer Mystiker, schockierte die Welt mit seinen Liebestheorien "Sawanih")
- 1092 <u>Sachen Kunga Nyingpo</u> (systematisierte die Lehren der Sakya-Tradition)
- 1097 <u>Hugo von Sankt Viktor</u> (Kirchenlehrer ...)
- 1098 <u>Hildegard von Bingen</u> (beschäftigte sich als Frau im Mittelalter u.a. mit Medizin und Biologie)
- 1098 <u>Guido von Lusignan</u> (machte sich in Zypern verdient)
- 1100 Rogerus von Helmershausen (hochwertige Kunsthandwerksarbeiten)
- 1103 <u>Ahmed Yesevi</u> (Sufi, machte Yasi zum Lehrzentrum der kasachischen Steppe ...)
- 1120 <u>Erik IX der Heilige</u> (König von Schweden; schaffte Frieden zwischen Heiden und Christen)
- 1125 <u>Herrad von Landsberg</u> (Äbtissin, schuf als Frau im Hochmittelalter die erste Enzyklopädie)
- 1130 S. Ambrogio (Mailand)
- 1130 <u>Joachim von Fiore</u> (Abt in Kalabrien, antihierarchisch eingestellt
       + sagte das Zeitalter der Aufklärung voraus)
- 1136 <u>Fariduddin Attar</u> (persischer Poet, hatte ein radikales Gottesbild ...)
- 1142 <u>Sonam Tsemo</u> (Mitglied der 5 ehrwürdigen tibetanischen Meister ...)
- 1147 <u>Drakpa Gyaltsen</u> (bracht den tibetanischen Buddhismus zu voller Blüte)
- 1150 <u>Der von Kürenberg</u> (Ritter der Kommunikation - Minnegesang)
- 1155 <u>Dschingis Khan</u> (vereinte weite Teile Zentralasiens; formulierte für alle Länder schriftliche
       + faire Gesetze)
- 1156 <u>Mathilde von England</u> (gab dem geistigen Leben am Hofe neue Impulse)
- 1165 <u>Ibn Arabi</u> (Sufi, Advokat der religiösen Toleranz + "Geist der Heiligkeit leitet die Seele")
- 1167 Giraldus Cambrensus macht die <u>Artus</u>-Legende populär (Artorius besiegte 150 AC Lanzenreiter)
- 1170 <u>Walther von der Vogelweide</u> (Form seines Minnegesanges wurde wichtige Kommunikationsform)
- 1175 <u>Bernhard von Quintavalle</u> (Ausbreiter des Ordens der Franziskaner ...)
- 1178 <u>Hedwig von Schlesien</u> (leistete bedeutende Aufbauarbeit bei der Besiedelung Schlesiens)
- 1180 <u>Leonardo Fibonacci</u> (bringt das ursprüngliche indische Zahlensystem als arabisches nach Europa)
- 1180 <u>Caesarius von Heisterbach</u> (verwendete erstmals die literarische Form des Dialoges)
- 1180 <u>Pietro Catanii</u> (organisierte den Aufbau des Ordens der Franziskaner)
- 1181 <u>Franz von Assisi</u> (gründete den Orden der Franziskaner + der Klarissinnen -> freiwillige Armut)
- 1182 <u>Sakya Pandita</u> (größter Gelehrter des tibetanischen Buddhismus)
- 1183 <u>Konrad von Marburg</u> (baute in Marburg ein Hospital für die Armen ...)
- 1183 Wumen Huikai (Verfasser der Mumonkan)
- 1185 <u>Layamon</u> (englischer Dichter, verfügte über außerordentlich viels. angelsächsischen Wortschatz)
- 1185 <u>Johannes de Plano Carpini</u> (Forschungsreisender, verhandelte mit dem neuen Khan der Mongolen)
- 1190 <u>Robin Hood</u> (englischer Volksheld, kämpfte für die Armen)
- 1190 <u>Thomas von Celano</u> (Gefährte von Franz von Assisi ...)
- 1193 <u>Nadschmuddin Daya Razi</u> (Sufi ...)
- 1195 <u>Antonius von Padua</u> (Lektor der Theologie der Franziskaner ...)
- 1118 <u>Thomas Becket</u> (Erzbischof trat für Jurisdiktion krimineller Kleriker ein, widers. sich dem König)
- 1200 <u>Villard de Honnecourt</u> (Baumeister erstellte ein Skizzenbuch über Architektur)
- 1200 <u>Joyo Daishi</u> (Japanischer Priester, gründete den Sôdhô-Zweig der buddhistischen Zen-shû Sekte)
- 1200 <u>Dögen Kigen</u> (baute Soto-Religionsschulen + Klöster in Japan)
- 1207 <u>Elisabeth von Thüringen</u> (kümmerte sich aufopfernd um die Notleidenden)
- 1210 <u>Berthold von Regensburg</u> (Prediger ...)
- 1210 <u>Mechthild von Magdeburg</u> (sehr gebildete Frauenmystikerin des Mittelalters)
- 1214 <u>Roger Bacon</u> (Mönch, Verfechter empirischer Methoden)
- 1224 <u>Jacob von Maerlant</u> (mittelalterliche Naturheilkunde)
- 1225 <u>Thomas von Akquin</u> (Unsterblichkeit der Seele + deren Vereinigung mit dem Werkzeug Mensch)
- 1230 <u>Huon de Bordeau</u> (...)
- 1231 Salah ad-Din Zarkub (türkischer Goldschmied)
- 1231 Gertrud von Hackeborn (machte das Kloster Helfta zur Krone der deutschen Frauenklöster)
- 1235 <u>Phagspa</u> (einer der 5 tibetanischen Meister, entwickelte die Phagspa-Schrift)

- 1237 Adam de la Hale (entwickelte neue Harmonie-Begriffe für die Musik)
- 1240 Juan Milá de Zmora (Naturkundler ...)
- 1241 Mechthild von Hackeborn (trat vehement für Frauenbildung ein)
- 1242 Christina von Stommeln (Mystikerin ...)
- 1250 Anonymus IV (Mönch in Notre Dame entwickelte die Mehrstimmigkeit in der Musik)
- 1250 Moses de Leon (jüdischer Seelenforscher, beschrieb den Weg der Seele zw. "Himmel" + "Erde")
- 1250 Gisela von Kerssenbrock (Buchmalerin, schuf früheste Frauenbildnisse abendländischer Kunst)
- 1252 Wernher der Gartenaer (verfasste die erste deutsche Dorfgeschichte)
- 1255 Ulrich von Lichterstein (Versroman Frauendienst)
- 1256 Gertrud von Helfta (bedeutende Mystikerin, sah sich als eine Abgesandte der göttlichen Liebe)
- 1257 Meister Eckhart (Philosoph, **erkannte, dass Gott im Jetzt schafft** - siehe "erlöste Seelen")
- 1257 Gertrud von Helfta (Mystikerin ...)
- 1260 Henri de Monteville (Chirurg, anatomische Modelle + Schautafeln, schreib 1. Lehrbuch)
- 1264 Keizan Jökin (Gründer der japanischen zen-buddhistischen Soto-shu)
- 1268 Philip IV von Frankreich (König, kämpfte gegen die Dekadenz des Papsttums und installierte
      Papst in Avignon)
- 1275 Robert Mannyng (trat für die englische Schriftsprache ein)
- 1275 Mondino di Luzzi (Anatomie des Menschen und Lehrsektionen)
- 1275 Muso Sosekj (herausragender buddhistischer Zen-Meister in Japan ...)
- 1280 Marsilius von Padua (negierte Herrschaftsanspruch des Papstes + proklamierte Volkssouveränität)
- 1280 Dino del Garbo (Arzt, ...)
- 1282 Lupold von Bebenburg (richtete Zeitklage an Fürsten und Adel)
- 1285 Memmi Lippo (italienischer Maler; seine Bilder hatten einen Hang zur Melancholie)
- 1285 Wilhelm von Ockham (Franziskaner, plädierte zwischen Glauben und Wissen zu unterscheiden)
- 1290 Matthias von Arras (Architekt: trat für soziale Absicherung seiner Handwerker ein)
- 1290 Ambrogio Lorenzetti (Maler ...)
- 1290 Rulman Merschwin (deutscher Mystiker ...)
- 1291 Margarete Ebner (Mystikerin ...)
- 1293 Jan van Ruysbroeck (Architekt, baute Turmspitze der St. Geertrui-Kirche in Löwen)
- 1294 Pir Umar Halveti (Gründer des Halveti-Tirqa-Ordens ...)
- 1296 Gregor von Palamas (erkannte Gott in seinem Wirken)
- 1299 Barbara von Cilli (Königin von Böhmen, suchte stets den Dialog mit Polen ...)
- 1300 Elsbeth Stangl (Mystikerin in Zürich ...)
- 1301 Johannes Tauler (Theologe, **die Seele ist göttlichen Ursprungs + strebt in die Einheit zurück**)
- 1307 Rulman Mershwin (Kaufmann, der sich zum Mystiker wandelte ...)
- 1311 Margerete I (Holland) (gab Herrschaftsanspruch in Bayern auf, um Stabilität zu schaffen)
- 1318 Margarethe Maultasch (Herzogin von Tirol vertrieb Gatten + heiratete erneut für mehr Stabilität)
- 1320 Nikolaus Kabasilas (Philosoph ...)
- 1320 Lalleshwari (Hidu-Poetin, ...)
- 1325 Francesco Landini (nutze die Orgel als Ausdruck der menschlichen Stimme)
- 1332 Lopez de Ayala (verhandelte die Allianz zwischen England und Portugal)
- 1337 Rigdzin Gödem (tibetischer Lama, entdeckte die Taramtexte der Nördlichen Schätze)
- 1342 Juliana von Norwich (erkannte den Heilswillen Gottes gegenüber **allen** Menschen)
- 1342 Katharina von Luxemburg (Herzogin von Österreich, erarbeitete Rudolf'inische Hausordnung ...)
- 1347 Katharina von Siena (Kirchenlehrerin, wandte sich der Abgeschiedenheit des Klosters ab
      + den Menschen zu)
- 1347 Dorothea von Montau (bekannt durch ihre Mildtätigkeit ...)
- 1350 Kaiser Manuel II Palaiológos in Byzanz (gilt als einer der gebildetsten Männer des Mittelalters)
- 1352 Krichzian Mincho (japanischer Maler)
- 1357 Hugo von Montfort (bekannt für seine politischen Reden)
- 1360 Klaus Störtebecker (nahm den Reichen und gab den Armen)
- 1369 Jan Hus (war christlicher Reformer/Märtyrer und der wesentliche Vordenker Martin Luthers)
- 1370 Giovanni Massi (bedeutender Maler seiner Zeit zeigte in der Malerei neue Wege)

- 1370 Andrea Magnabotti (italienischer Schriftsteller)
- 1374 Gödeke Michels (Vitalienbruder - nahm den Reichen und gab den Armen)
- 1375 Jan von Limburg (Buchmaler der einzigartige Stundenbücher schuf)
- 1378 Kalixt III (Papst, hervorragender Jurist, versuchte Konstantinopel von den Türken zu befreien)
- 1378 Sayyid Ali Hamadhani (brachte den Islam bis in den Kaschmir ...)
- 1380 Karl Keyser von Eichstätt (beschrieb Verteidigungsmöglichkeiten für die Bürger von Nürnberg)
- 1380 Bernhardin von Siena (Franziskaner, kämpfte gegen die Pest + klagte den Zustand der Kirche an)
- 1384 Heilige Franziska von Rom (Mystikerin, stiftete einen Orden ...)
- 1385 Fra Mauro (erstellte 1475 die damals beste + gehaltvollste Karte der Welt aus europäischer Sicht)
- 1390 Barbara von Cilli (Königin von Böhmen ...
       -> hatte als Tochter auch eine "4" = Elisabeth von Böhmen)
- 1391 Gendrun Drub (der erste Dalai Lama im Tibet ...)
- 1396 Freimauer (toleranter humanitärer Bund mit bildendem karitativem Charakter)
- 1396 Michelozzo di Bartholommeo (italienischer Bildhauer und Architekt)
- 1397 Johannes Gensfleisch (Gutenberg) (Buchdruck)
- 1400 Johannes von Kastl (deutscher Mystiker)
- 1400 Hans Multschner (ausdrucksstarker Bildhauer)
- 1401 Jakobäa von Bayern (steitbare Herzogin, die alles verlor + kam ihrem Auftrag als "4" nicht nach)
- 1402 Giovanni Fontana (erfand den Seilzug-Trommel Handantrieb für die Hinterräder eines Wagens)
- 1408 Abdul Karim Dischili (Sufi-Sheikh, schrieb das Buch "Der vollkommene Mensch")
- 1409 Elisabeth von Böhmen (Erbin des ungarischen Königreiches - das ihr streitig gemacht wurde ...)
- 1410 Kunz von Kaufungen (half Kurfürst Friedrich, der Versprechen brach, forderte er sein Recht ein)
- 1410 Agnes Bernauer (unterhielt "unstandesgemäße" Verbindung zu Herzog Albrecht III + starb dafür)
- 1412 Jeanne d'Arc (französische Nationalheldin legte Grundlage für französischen Nationalstolz)
- 1412 Diego Gómez Manrique
- 1420 Masuccio von Salerno (protestierte gegen die Sitten der damaligen Zeit)
- 1421 Nimbârka (indischer Mönch, gründete den Vishnuismus)
- 1422 Jusuf As-Senusi (hat einen kleinen Katechismus zum Islam verfasst)
- 1430 Heinrich Institoris (Inquisitor, gab Hexenprozessen eine juristische Form)
- 1431 Andrea Mantegna (baute in Mantua eine bedeutende Kunstschule auf)
- 1436 Dorotheos III. (Patriarch der Rum-Orthodoxen Kirche in Antiochia ...)
- 1440 Maiano Benedetto (begnadeter Bildhauer und Medaillenziselierer)
- 1414 Berthold von Henneberg (Erzbischof von Mainz, förderte den Landfrieden im Reich)
- 1425 Leon Messer (jüdischer Gelehrter, sah die Bibel als Literatur!!!)
- 1427 Zhengtong (Ming-Kaiser von China ...)
- 1433 Eleonore von Österreich (Königin heiratete Franz I um Streitigkeiten zwischen. Habsburg
       + Frankreich beizulegen)
- 1433 Marsilio Ficino (Philosoph, bewies die Unsterblichkeit der Seele in *Theologia platonica)*
- 1443 Eberhard von Grumbach (Ortspfarrer renovierte alle Liegenschaften der Gemeinde in Greßtal)
- 1445 Johannes Geiler von Kaiserberg (Prediger des Mittelalters, kritisierte Kirche, forderte Reformen)
- 1446 Grünbeck (versuchte über Berichterstattung die Menschen vor der Seuche Syphilis zu bewahren)
- 1445 Maitre Pierre Pathelen (Vater des französischen Lustspieles)
- 1452 Leonardo da Vinci (Pumpen und Fluggeräte, Anatomie des Menschen, Kunst)
- 1452 Hieronymus Savonarola (erzwang durch Kinderarmee soziale Umverteilung in Florenz)
- 1455 Johannes Reuchlin (aufgeklärter Humanist, der Hebräisch sprach und das Judentum achtete)
- 1458 Hedwig von Quedlinburg (Äbtissin des Damenstifts Quedlinburg ...)
- 1466 Erasmus von Rotterdam (Humanist, mahnte zu religiösen Toleranz)
- 1467 Caritas Pirkheimer (Äbtissin, Verfechterin der Religions- und Gewissensfreiheit)
- 1468 Balthasar von Neuenstadt (Domprobst von Halberstadt ...
- 1469 Niccolo Machiavelli (Autor, schrieb *Il Principe* („Der Fürst"), eine Ironie auf die Medici)
- 1473 Nikolaus Kopernikus (begründete das heliozentrische Weltbild)
- 1473 Elisabeth Tucher (Patrizierin in Nürnberg ...)
- 1475 Thomas Murner (ermahnte zu mehr Christlich- und Brüderlichkeit)

- 1474 <u>Michelangelo de Buonarroti</u> (begnadeter Bildhauer)
- 1478 <u>Thomas Morus</u> (Politiker, schrieb <u>Utopia</u>, fordert die Abschaffung des Privateigentums)
- 1479 <u>Amar Das</u> (Sikh, verurteilte Witwenverbrennung, Habgier, Kastensystem, Bilderverehrung)
- 1480 <u>Margarete von Österreich</u> (Regentin Niederlande, handelte "<u>Damenfrieden von Chambrai</u>" aus)
- 1481 Margarethe Peutinger (Frau + Ideengeberin <u>Conrad Peutingers</u>, dem Augsburger Humanisten)
- 1483 <u>Raffael</u> (italienischer Maler)
- 1484 <u>Huldrych Zwingli</u> (reformiert die Kirche schon weit vor Luther)
- 1488 <u>Ulrich von Hutten</u> (prangerte Despoten + Tyrannen wegen Unkeuschkeit, Geiz und Hofart an)
- 1488 <u>Thomas Münzer</u> (Theologe, protestierte gegen soziale Unterdrückung der Bauern + Städter
        durch weltliche Herrscher)
- 1489 <u>Georg Hartmann</u> (entdeckte 1544 das Magnetfeld der Erde)
- 1491 <u>Ignatius von Loyola</u> (Gründer des Jesuitenordens)
- 1492 <u>Adam Ries</u> (Rechenmeister, legte die Grundlage des modernen Schulrechnens)
- 1492 <u>Argula von Grumbach</u> (Reformatorin Luthers, verfasste reformatorische Flugschriften)
- 1492 <u>Jean du Bellay</u> (Erzbischof Paris versuchte, den Papst zur Toleranz der Protestanten zu bewegen)
- 1493 <u>Paracelsus</u> (Arzt, griff die gängige med. Lehrmeinung an, Vater der ganzheitlichen Medizin)
- 1493 <u>Margareta Blarer</u> (gründete Armenverein christlicher Frauen + förderte Reformation in Konstanz)
- 1494 <u>Gregoruis Agricola</u> (Vater der Mineralogie)
- 1496 <u>Siemund von Herberstein</u> (Begründer der Russlandkunde)
- 1496 <u>Agostino Steuco</u> (Kirchengelehrter, gründete den Begriff <u>Philosophia Perennis</u>)
- 1497 <u>Katharina Zell</u> (Reformatorin verfasse das Rechtfertigungsschreiben der Straßburger Reformation)
- 1499 <u>Garcia da Orta</u> (Arzt, Vater der Pharmazie)
- 1499 <u>Petrus von Alcantara</u> (Ordensreformator, ...)
- 1499 <u>Katharina von Bora</u> (Ehefrau Martin Luthers ...)
- um 1500 Jacob von Amalchin (ein Adamist) beauftragte <u>Hieronymus Bosch</u> mit Triptychon
        "Garten der Lüste"

Erlöste Seelen 1501 – 1700

- 1500 Janus Cornarius (Arzt, trug das medizinische Wissen seiner Zeit zusammen & machte es nutzbar)
- 1502 Elisabeth von Sachsen (wirkte zur Zeit Luthers ...)
- 1503 Esther von Ahasverus (Tätigkeit mir unbekannt)
- 1503 Hans Kohlhase (wurde Unrecht zugefügt; er streitet mit allen Mitteln um sein Recht)
- 1503 Bartholomeo Eustachi (Begründer der modernen Anatomie)
- 1504 Johannes Mathesius (baute in Joachimstal protestantische Gemeinde auf
        + trat für deren Unabhängigkeit ein)
- 1505 Mattheus le Maistre (deutsche Gesänge polyphon gesetzt, verstarb 1577 in Dresden)
- 1505 Maria von Ungarn (Statthalterin der Niederlande, vereinigte 17 Provinzen zu zentralem Staat)
- 1508 Guardini
- 1509 Jan Massys (protestierte gegen die strengen Sittenbilder und wurde von der Inquisition vertrieben)
- 1510 Ambroise Paré (Chirurg, entwickelte die ersten Prothesen)
- 1510 Elisabeth von Braunschweig (Reformatorin, setzte Reformation in Südniedersachen durch)
- 1511 Michael Servet (Humanist, stellte die Dreieinigkeitslehre in Frage -> als Gotteslästerer verbrannt)
- 1512 Gerhard Mercator (berühmter Kartograph und Globenhersteller)
- 1514 Pirro Ligorio (baute für Ferrara einen Hochwasserschutz)
- 1514 Andreas Vesalius (Anatom, beschrieb umfassend die Anatomie des Menschen)
- 1514 Everard Mercurian (Jesuit ...)
- 1515 Alonso Sanchez Coello (Maler)
- 1515 Teresa von Ávila (gründete das Kloster der barfüßigen Karmelitinnen in Ávila)
- 1516 Henry Howard (Dichter seiner Zeit in England)
- 1520 Matthias Flacius (sah in der Erbsünde keine Sünde und stritt mit allen Theologen seiner Zeit)
- 1521 Petrus Canisius (1. Jesuit, prangerte Missstände an + akzeptierte andere Kirchenmeinungen)
- 1522 Margarethe von Parma (Statthalterin NL, vermittelte zw. dem NL Adel + dem spanischen Thron)
- 1527 Barbara Blomberg (Geliebte Kaiser Karls V. führte ein schönes Leben und leistete nichts als "4")

- 1528 Adam Lonitzer (naturkundlicher Arzt, beschrieb die Heilwirkung von Pflanzen)
- 1529 Shun´oku Söoen (...)
- 1530 Magdalena Heymair (Pädagogin, verfasste reformatorische Schulbücher + Texte f. Kirchenlieder)
- 1531 Lazarus Erkner (veröffentlich 1574 das erste Lehrbuch über Metallurgie)
- 1533 Valentin Weigel (Mystiker, bekämpfte volksfeindliche Kleriker und Fürsten)
- 1535 Giambattista della Porta (realisiert geschliffene Linsen, Begründer der Optik, Brillen Fotografie)
- 1535 Martin Frobisher (entdeckte die Nord-West-Passage)
- 1535 Luis Molina (sah in der Willensfreiheit des Menschen das Göttliche in uns)
- 1536 Felix Platter (Begründer der Gerichtsmedizin)
- 1537 Girolamo Fabrizio (Begründer der Embryologie)
- 1539 José de Acosta (Jesuit, beschreib als erster die Höhenkrankheit)
- 1539 Jermak Timofejewitsch (Entdecker, erforschte Sibirien)
- 1540 Edmund Campion (Jesuit, bleib dem katholische Glauben treu bis in den Tod ...)
- 1542 Jalaluddin Muhammad Akbar (großartiger indischer Herrscher - ein tolles Beispiel -)
- 1542 Johannes Thal (Arzt und Botaniker, Vater der modernen Floristik ...)
- 1544 William Gilbert (Leibarzt von Elisabeth I) (entdeckte den elektrischen Strom)
- 1544 Cuthbert Mayne (Priester, wechselte in England zum katholischen Glauben + zum Tod verurteilt)
- 1548 Giordano Bruno (beschrieb die unterschiedlichen Sonnensysteme des Weltalls)
- 1548 Franciscus Suárez (Jurist, Begründer des Völkerrechts)
- 1550 Maria Andreae (erste Frau als Apothekerin der Stuttgarter Hofapotheke),
- 1551 Martin Anton Delrio (Hexentheoretiker ??? ...)
- 1555 Andreas Libavius (erstes systematische Buch der Chemie)
- 1555 Lüder von Bentheim (Baumeister, schützte Bremen vor Hochwasser durch die Wesermauer)
- 1558 Koetsu Honami (japanischer Kalligraph)
- 1558 Michael Eiselin (Theologieprofessor ...)
- 1560 Ludovico Grossi (Kirchenmusiker, entwickelte den bezifferten Bass, der bis heute verwendet wird)
- 1561 Robert Southwell (Jesuit, der in England die im Untergrund lebenden Katholiken versorgte ...)
- 1561 Francis Bacon (kritisierte unpraktikable + hochfliegende Ideen der Philosophie)
- 1562 Jakob Gretzer (bedeutender Historiker)
- 1563 Agnes von Limburg-Stirum (Äbtissin, förderte Handwerk + Handel in den umliegenden Dörfern)
- 1564 Galileo Galilei (bahnbrechende Entdeckungen auf mehreren Gebieten der Naturwissenschaften)
- 1564 William Shakespeare (schrieb + inszenierte Sprachspiele, die einfache Menschen ansprachen)
- 1565 Niccoló Longobardo (Jesuit, wollte die christliche Lehre mit der von Konfuzius verbinden)
- 1564 Hans Leo Haßler (komponierte weltliche Gesänge)
- 1566 Carlo Gisualdo (Komponist, der unerwartete Tonartwechsel einsetzte)
- 1566 Jan Jessenius (führte 1600 in Prag die erste öffentliche Autopsie durch)
- 1567 Franciscus Aguilonius (Mathematiker, erstellte die Farbenlehre)
- 1571 Johannes Keppler (Einführung in die Welt der Logarithmen)
- 1572 Adam Tanner (Wissenschaftler ... lehnte die Deutungs”kunst” der Astrologie als Scharlatanerie ab)
- 1573 Elias Holl (baute im Augsburger Rathaus den goldenen Saal mit 552 qm ohne innere Stützpfeiler)
- 1575 Bartol Kasic (Jesuit, setzte sich für die kroatische Sprache ein ...)
- 1575 Jakob Böhme (erster deutscher Philosoph, forderte ein Christentum ohne Kirche)
- 1576 Salomon de Caus (Physiker, genialer Erfinder - Dampfkraft)
- 1576 Roque Gozales de Santa Cruz (Jesuit ...)
- 1578 William Harvey (Anatom, beschrieb exakt den Blutkreislauf)
- 1580 Johan Babtista van Helmont (Chemiker, sah als 1. Lebensvorgänge als chemische Vorgänge an)
- 1580 Willebrod van Roijen Snell (Physiker, entwickelte das optische Brechungsgesetz)
- 1580 Antonio Freire de Andrade (Jesuit, überquerte als erster Europäer den Himalaja)
- 1582 Francisco Piccolomini (Jesuit ...)
- 1583 Jean-Babtiste Morin (französischer Mathematiker, Astrologe und Astronom)
- 1583 Giovanni Battista Mascolo (Jesuit, erster Vulkanforscher)
- 1584 Philip Massinger (baute in höfische Schauspielstücken soziale Sorgen der Bevölkerung ein)
- 1584 Anna Overna Hoyers (verfasste religiös satirische Gedichte, kritisierte jede Kirchenobrigkeit)

- 1585 Jacques Lemercier (Architekt, baute Schlösser, Stadtpaläste, Kirchen, Klöster und Hochaltäre)
- 1588 Martin Mersenne (fand die Marsenne-Primzahlen)
- 1590 Giovanni Battista Zupi (Astronom, bewies, dass Merkur auf seinen Umlaufbahnen Phasen zeigt)
- 1592 Johann Amos Comenius (Theologe, forderte den zwangsfreien Unterricht und die Schulpflicht)
- 1592 Emanuele Tesauro (Schriftsteller, schrieb die "Philosphia Morale")
- 1592 Catalina de Erauso (Forschungsreisende, lebte jahrzehntelang unerkannt als Frau unter Männern)
- 1592 Shah Jahan (baute 1631 Taj Mahal ...)
- 1593 Jean de Brébeuf (Jesuit, lebte bei den Huronen in Kanada)
- 1593 Abraham von Franckenberg (Kriegsdienstverweigerer, kümmerte sich aufopfernd um Pestkranke)
- 1594 Maria C. Gräfin v. Spaur (kath. Äbtissin, unterstützte Jesuiten & Kapuziner gegen den Willen der
    evangelischen Stadtväter)
- 1585 Cornelius Jansen (Theologe, forderte einen ursprünglichen Katholizismus, kritisierte die Kirche)
- 1596 Elisabeth Stuart (ihr Exil in Den Haag gestaltete sie zu einem geistigen Zentrum der Reformation)
- 1598 Francios Mansart (genialer Architekt schuf Wohnraum durch den Ausbau von Mansartdächern)
- 1598 Giovanni Riccioli (Astronom, Kartierung des Mondes)
- 1598 Michael Florent van Langren (Ingenieur, entwarf Plan um Brüssel vor Überflutung zu schützen)
- 1599 Francesco Borromini (Architekt ...)
- 1601 Baltasar Garcián (Schriftsteller, kritisierte die "Herrschaftsbereiche der Dummheit" ...)
- 1602 Otto von Guericke (Vakuum-Beweis mit 2 Halbkugeln + 8 Pferden 1654 in Regensburg)
- 1602 Amalie E. von Hessen-Kassel (Gräfin, führte Friedenverhandlungen zur Beendigung des
    30-jährigen Krieges (Westfälischer Friede))
- 1602 Amalie von Solms (verschaffte dem Haus Oranien in den Niederlanden europäische Geltung)
- 1603 Marie Colinet (Hebamme, machte den ersten erfolgreichen Kaiserschnitt)
- 1604 Jacob Balde (Dichter, trat gegen Fettsucht und das Rauchen ein, schrieb Lyrik ...)
- 1606 Jan Davidsz Heem (Malerei mit einmaliger Farbenpracht, Feinheit + Detailgenauigkeit)
- 1608 Giovanni Alfonso Borelli (Physiker, beschrieb physiologische Prozesse im lebenden Organismus)
- 1608 Evengelista Torricelli (Physiker, Flussgeschwindigkeit v. Flüssigkeiten - Torricelli´scher Lehrsatz)
- 1608 John Milton (Staatsphilosoph, wollte anglikanische wieder mit der katholischen Kirche versöhnen)
- 1609 Pierre-Paul Riquet (Realisation des Canal du Midi durch ausgeklügelte Wasserführung)
- 1610 Hantzsch (entwickelt den ersten Menschenkraft-Wagen)
- 1610 Maria Cunitz (hochgebildete Astronomin, erstellte komplexe Berechnungen, sind bis heute gültig)
- 1611 Nicolaus von Avancini (Dramatiker ...)
- 1613 Sophie Elisabeth (unterstütze ihren Mann beim Wiederaufbau Wolfenbüttels
- 1613 François de La Rochefoucauld (franz. Moralist, bezweifelte die Gottgesandtheit des Königs)
- 1613 Philipp Ludwig Freiherr von Reiffenberg (Kleriker, wurde als 4" nicht tätig, wurde entmachtet)
- 1616 Nicholas Culpeper (Arzt, lehrte Krankheitsvorsorge und die Selbstbehandlung von Krankheiten)
- 1618 Francesco Maria Grimaldi (Mathematiker, ...)
- 1618 Henry Oldenburg (Naturphilosoph, knüpfte Netz wissenschaftlichen Kontakte quer durch Europa)
- 1621 Sibylla Schwarz (Dichterin, betrachtete während des 30jK Freundschaft, Liebe, Krieg + den Tod)
- 1623 Blaise Pascal (Physiker, entwickelte Messgerät für Luftdruck - Einheit Hektopascal)
- 1624 Thomas Sydenham (Arzt, unterschied erstmals zwischen Rheumatismus und Gicht)
- 1624 Francois dÁix der Lachaise (Jesuit, verteidigte Unabhängigkeit der franz. Kirche gg. dem Vatikan)
- 1624 Angelus Silesius (Philosoph, ...)
- 1624 George Fox (Wanderprediger, Gründervater der Quäker)
- 1625 Arnoldus Montanus (Autor, beschrieb das Amerika der Frühzeit ...)
- 1626 Hendrickje Stoffels (Hausmädchen + Geliebte ermöglichte, dass Rembrandt nach seinem Konkurs
    weiter arbeiten konnte)
- 1626 Richard Cromwell (Diplomat ...)
- 1626 Francesco Redi (Arzt, fand, dass Maden sich aus Eiern entwickelten - Vater der Abiogenese)
- 1627 Gregorius Rumphius (Arzt ...)
- 1627 Louise H. von Brandenburg (Kurfürstin, setzte Mitgift z. Aufbau Brandenburgs nach 30jK ein)
- 1628 Marcellus Malpighi (Arzt, erforschte als erster die Leber des Menschen)
- 1629 Christiaan Huygens (Physiker, erstelle die Grundlagen der Infinitesimalrechnung)

- 1629 Christian Scriver (Theologe, kritisierte die Äußerlichkeiten + Missstände der evang. Kirche)
- 1630 Sophie von der Pfalz (Stammmutter des englischen Königshauses ...)
- 1630 Dorothea von Brandenburg (Königin v. Dänemark, gestaltete die Regierungsgeschäfte zusammen
    mit Christian I)
- 1632 Jean Mabillon (systematisierte die Urkundenforschung)
- 1632 Antoni van Leeuwenhoek (Hobbyforscher; entdeckte u.a. das Kapilarsystem des Blutkreislaufes)
- 1632 John Locke (politischer Philosoph, legte Grundlagen für die Verfassungen liberaler Staaten)
- 1632 Baruch (Benedictus) Spinoza (Philosoph, moderne Bibelkritik, der Mensch ist Teil der Natur)
- 1634 Nicolaes Maes (Maler)
- 1634 Marie-Madeleine de la Fayette (Autorin, schrieb besten franz. Roman: "Die Fürstin von Kleve")
- 1635 Robert Hooke (Physiker, entdeckte die Zellen von Pflanzen) ...
- 1635 Thomas Burnet (Theologe, schrieb *Telluris Theoria Sacra ...)*
- 1635 Phillip Jakob Spener (Theologe, erarbeitete ein Reformprogramm für die evang. Kirche)
- 1636 Barbara J. Penzel (hochbegabte deutsche Dichterin ...)
- 1638 Nicolaus Steno (Arzt + kath. Bischof, wandte sich gegen die Berufung auf veraltete Autoritäten)
- 1638 Nicolas Malebranche (Philosoph, trennt Leib und Seele des Menschen)
- 1641 Niyazi Misri (islamischer Mystiker, wurde von orthodoxen Gelehrten missverstanden ...)
- 1642 Phillip Jenningen (Jesuit, vertrat Leitsatz: „...macht das Beste aus Eurer jeweiligen Situation)
- 1643 Isaac Newton (Physiker, legte den Grundstein zur klassischen Mechanik)
- 1644 Henrietta Anne Stuard (handelte den Geheimvertrag von Dover aus)
- 1645 Eusebio Francisco Kino (Missionar, setzte brutaler Kolonialisierung in Mexiko Liebe entgegen)
- 1646 Glückel von Hameln (jüdische Geschäftsfrau schrieb als erst deutsche Frau eine Autobiografie)
- 1646 Gottfried Wilhelm Leibnitz (Bibliothekar, ...)
- 1647 Maria Sibylla Merian (Naturforscherin, erforschte Insektenwelt, war die erste Forschungsreisende)
- 1647 Elisabetha Hevelius (Astronomin, Mutter der Monddiagramme ...)
- 1648 Joseph Du Verney (französischer Arzt, ...)
- 1648 Jeanne Marie Guyon du Chesnoy (bedeutende Vertreterin des mystischen Quietismus ...)
- 1649 Esther Schulhoff (Unternehmerin, reichste Jüdin Deutschlands, leitete preuß. Münzeprägeanstalt)
- 1650 Justine Siegemund (Hebamme "Die Kurbrandenburgische Wehemutter" wichtiges Werk
    deutscher Medizingeschichte)
- 1650 Catharina Elisabeth Velten (Theaterleiterin, verteidigte Schauspielkunst gegen orthodoxe
    Lutherische Geistlichkeit)
- 1650 Johanna Sibylla Küsel (Kupferstecherin, verteidigte die Qualität deutscher Kupferstecherkunst
    gegen die französische)
- 1651 François Fénelon (Geistlicher + Lehrer einer katholischen Internatsschule für Mädchen in Paris ...)
- 1652 Elisabeth Charlotte von der Pfalz (schrieb 60.000 Briefe kam ihrer Aufgabe als "4" nicht nach ...)
- 1653 Johann Conrad Peyer (Arzt, erforschte erstmals das lymphatische System des Menschen)
- 1654 Johann Christoph Raßler (Theologe, ...)
- 1655 Bernhard de Montfaucan (veröffentlichte 1737 Katalog mit griechischen Handschriften in Europa)
- 1656 Joseph Pitton de Tournefort (Forschungsreisender, katalogisierte in Kleinasien 1.356 Pflanzen)
- 1659 Hortesia Gugelberg v. Moos (Heilkundige, kämpfte für einen besseren Bildungsstand von Frauen)
- 1660 Johann Kuhnau (Komponist, kritisierte die musikalischen Zustände seiner Zeit)
- 1663 Thomas Newcomen (Erfinder der Dampfmaschine)
- 1663 Alexander Siegmund von Pfalz-Neuburg (Fürstbischof in Augsburg, Städte- + Straßenbau)
- 1664 Nicolas Fatio de Dullier (Mathematiker, veröffentlichte erstmal Arbeiten zum Zodiakallicht)
- 1665 Aurora von Königsmarck (Pröbstin von Quedlinburg, ...)
- 1666 Antonio Maria Valsalva (Arzt und Philosoph ...)
- 1667 Jonathan Swift (englisch-irischer Schriftsteller und scharfzüngiger Satiriker)
- 1667 Johann Franz Buddeus (Theologe, bereitete der Aufklärung den Weg ...)
- 1667 Maria Anna von der Pfalz (stand als "erster Minister" hinter dem König von Spanien, ...)
- 1668 Andreas von Gundelsheimer (Forschungsreisender, katalogisierte mit Tournefort 1.356 Pflanzen)
- 1668 Sophie Charlotte (Königin v. Preußen, holte Leibnitz nach Berlin, wurde als "4" nicht wirksam)
- 1670 Maria Winkelmann (Astronomin, entdeckte einen unbekannten Kometen ...)

- 1672 Alexander Menschikow (die geheime Eminenz hinter Zar Peter I (dem Grossen))
- 1672 Johann Jacob Schleuchzer (erkannte das göttliche Wirken in den Naturwissenschaften)
- 1673 Pietro Antonino Michelotti (venezianischer Stadtphysikus ...)
- 1676 Maria Clara Eimmart (Astrologin, erfasste als erster die Oberfläche des Mondes - Selenographie)
- 1677 Stanislaus Leszczynnski (König von Polen, versuchte die Eigenständigkeit Polens zu erhalten)
- 1678 Anna Waser (erste in der Schweiz bekannte Malerin ...)
- 1679 Christian Wolff (Philosoph, Vater der Jurisprudenz, Einfluss auf preußischen Gesetzgebung)
- 1681 Johann Mattheson (nahm lukrative Organistenstelle nicht an, weil er dafür hätte heiraten sollen)
- 1682 Ignazio Visconti (Jesuit ...)
- 1682 Giovanni Battista Morgagni (Mediziner, Begründer der modernen Pathologie)
- 1683 René-Antoine Réaumur (Wissenschaftler ...)
- 1683 Caroline von Ansbach (Königin von England, reformierte das englische Strafrecht)
- 1685 Brook Taylor (Mathematiker, fand Taylor-Reihe + Grundlage des perspektivischen Zeichnens)
- 1685 Pierre Guyot Desfontaines (Literaturkritiker, stritt mit Voltaire ...)
- 1686 Daniel Gabriel Fahrenheit (erfand das Quecksilberthermometer)
- 1686 Antoine de Jussieu (Naturforscher, erforschte die u.a. Kaffeestaude)
- 1687 Sophie Dorothea von Preussen (Frau hinter Wilhelm I von Preußen, nahm Einfluss auf die Politik)
- 1688 Alexander Pope (englischer Philosoph, schrieb "Essay on Man")
- 1688 Emanuel von Swedenborg (Theologe, Weisheit und Liebe werden als Eins gesehen)
- 1690 Christian Goldberg (Mathematiker, formulierte die Goldbach'sche Vermutung)
- 1690 Daniele Farlati (Kirchenhistoriker, erforschte die Geschichte der Kirche in den Balkanländern)
- 1692 Pieter van Muschenbroek (Mediziner ...)
- 1692 Pieter van Musschenbroek (Naturwissenschaftler, erfand Leidener Flasche, erster Kondensator)
- 1693 John Harrison (Vater des modernen Schiffschronometer zur präzisen Navigation)
- 1695 Christiana von Ziegler (Deutsche Dichterin, setzte sich für Frauen in der Prosa ein)
- 1696 Giovanni Battista Teipolo (venezianischer Maler; malte in Würzburg das weltgrößte Fresco)
- 1697 Gerhard Tersteegen (Theologe, schuf viele Kirchenlieder die bis heute gesunden werden ...)
- 1697 Friederike Caroline Neuber (Schauspielerin, reformierte die deutsche Schauspielkunst)
- 1699 Johann Adolph Hasse (Dirigent, formte in Dresden ein absolutes Spitzenensemble)
- 1700 Daniel Bernoulli (Mathematiker, der Bernoulli-Effekt von Bedeutung bei der Thermodynamik)

2.3.5. erlöste Seelen 1701 – 1800

- 1701 Anders Celsius (Chemiker, entwickelte die Celsius-Temperaturskala)
- 1705 August Rösel von Rosenhof (Naturforscher + Miniaturenmaler, Vater der modernen Entomologie)
- 1705 Joseph Zwinger (Jesuit, ...)
- 1706 Benjamin Franklin (Gründungsmitglied der USA + Physiker, erfand den Blitzableiter)
- 1707 Leonhard Euler (Mathematiker, fand eine große Zahl von Gesetzen die bis heute Gültigkeit haben)
- 1707 Wilhelmine von Bayreuth (baute Bayreuth zur Hauptstadt aus und kritisierte Friedrich I offen ...)
- 1710 Abraham Trembley (Zoologe, Vater der experimentellen Zoologie, weis die Phototaxis nach)
- 1711 Ignaz Holzbauer (machte Mannheimer Hofkapelle zu bestem + berühmtesten Orchester Europas)
- 1711 Johann Lieberkühn (Mediziner, erstellte anatomische Präparate ...)
- 1711 David Hume (Vordenker der Sozialtheorie)
- 1711 Franz Anton Mesmer (Forscher, erforschte die Auswirkungen der Planeten auf den Menschen)
- 1712 Jean-Jacques Rousseau (Fundamentaloppositioneller, klage soziale Ungerechtigkeiten an)
- 1713 Alexis.Claude Clairaut (Physiker: entwickelte neuartige Lehrbücher für Mathematik)
- 1713 Philipp Pfaff (Arzt, veröffentlichte 1756 das erste Lehrbuch der Zahnheilkunde)
- 1713 John Turberville Needham (Naturforschung entwickelte Theorie der spontanen Lebenszeugung)
- 1713 Denis Diderot (legte sich mit dem Klerus an und schuf die erste französische Enzyklopädie)
- 1713 Laurence Sterne (eigenwilliger Autor ...)
- 1715 Dorothea Christiane Exleben (erste promovierte Ärztin in Deutschland -> Frauenstudium)
- 1715 Christian August Crusius (Theologe, Gegner der Philosophie von Leibnitz ...)
- 1717 Maria Theresia (Erzherzogin von Österreich, führte die Schulpflicht in Österreich ein)
- 1717 Johann Joachim Winckelmann (Begründer der modernen Archäologie)

- 1718 John Canton (Physiker: erfand den Elektrometer)
- 1721 Anna Dorothea Therbusch (bedeutendste Malerin der Roccoco ...)
- 1721 Madame Pompadour (Mätresse von Ludwig XV, förderte zahlreiche Intellektuelle und Künstler)
- 1722 Hryhorij Skovoroda (ukrainischer Philosoph, machte zwischen Konfessionen keinen Unterschied)
- 1722 Anna Maria Barkin (...)
- 1723 Giovanni Scopoli (Arzt, fand das Skopolamin in der Engelstrompete -> Beruhigungsmittel)
- 1723 Anna Amalie von Preussen (Komponistin, hervorragende Klaviervirtuosin, Werk unbekannt ...)
- 1723 Adam Ferguson (Sozialethiker, Moral ist wichtiger Baustein im Streben nach Vollkommenheit)
- 1724 Immanuel Kant (Philosoph, lenkte die Philosophie in vernünftige Bahnen)
- 1724 Franz Anton Maulpertsch (Vorläufer des Impressionismus mit unbeugsamer + radikaler Haltung)
- 1727 Samuel Heinicke (gründete 1778 die erste Schule für taube Menschen)
- 1728 Moses Mendelssohn (jüdischer Philosoph, Wegbereiter der jüdischen Aufklärung)
- 1729 Lazzaro Spallanzani (Philosoph und Naturwissenschaftler ...)
- 1730 Sophie von La Roche (Schriftstellerin, gab die erste deutsche Frauenzeitschrift heraus)
- 1730 Johann Georg Hamann (Philosoph, erkannte die Wechselwirkung zwischen Autor und Leser)
- 1732 Julie von Bondeli (Salondame ...)
- 1732 Carl Gotthard Langhans (bekanntester Berliner Architekt)
- 1733 Jean-Charles de Borda (Mathematiker + Seefahrer; reformierte nautische Messmethoden)
- 1734 Caspar Friedrich Wolff (Physiologie, erforschte die Entstehung von Embryonen)
- 1736 Charles Augustin de Coulomb (Physiker, begründete die Elektrostatik)
- 1736 Joseph-Louis Lagrange (Astronom, löste das Dreikörperproblem bei der Himmelsmechanik)
- 1737 Louis Bernard de Morveau (gründete die Ecole Polytechnique in Paris)
- 1739 Grigori Alexandrowitsch Potjomkin (genialer Militärstratege von Katharina der Großen)
- 1740 Horace-Bnedicté de Saussure (Schweizer Forscher, erfand den Hygrometer)
- 1740 Robert Abercromby (General, machte sich für die amerikanische Unabhängigkeit verdient)
- 1741 Peter Simon Pallas (Geograf, erforschte weite Teile Russlands ...)
- 1743 Thomas Jefferson (verfasst Unabhängigkeitserklärung der USA und trat vehement für Bildung ein)
- 1743 Martin Heinrich Klaproth (entdeckte Elemente Uran, Zirkonium, Titan, Cer, Tellur + Strontium)
- 1744 Christian Ludwig Mursinna (Arzt, der Krankheiten von Schwangeren und Gebärenden beschrieb)
- 1745 Alessandro Volta (Physiker, begründete das Zeitalter der Elektrizität)
- 1745 Philippe Pinel (Psychiater, legte den Grundstein zur wissenschaftlichen Diagnostik)
- 1745 Ernst Christian Trapp (Pädagoge, trat für die Vermittlung moderner Fremdsprachen ein)
- 1745 Jacques Étienne Montgolfier (Erfinder des Heißluftballons)
- 1746 Giuseppe Piazzi (Astronom und Theologe ....)
- 1746 Wilhelm Heinse (hatte als 1. die Idee der Schaffung einer kulturellen Zeitschrift in Deutschland)
- 1746 Johann Friedrich Pestalozzi (Pädagoge, Hilfe zur Selbsthilfe, vertrat ganzheitlichen Ansatz)
- 1746 André Michaux (Botaniker, heilte Schah von gefährlicher Krankheit, erf. Botanik in Persien)
- 1747 Abraham Louis Breguet (berühmter Uhrmacher, Vater der Uhrensynchronisation)
- 1749 Pierre-Simon Laplace (Mathematiker, beschäftigte sich u.a. mit Wahrscheinlichkeitsrechnung)
- 1749 Jean-Baptiste Dalambre (Astronom: ist der Vater der Maßeinheit Meter)
- 1749 Edward Jenner (Arzt, entwickelte die Pockenschutzimpfung)
- 1750 Sengai Gibbon (japanischer Mönch, machte Lehre Rinazi-shüu den Menschen verständlich)
- 1751 Emanuel Schikaneder (schuf mit der Zauberflöte ein sehr gesellschaftskritisches Werk)
- 1751 James Madison (Trennung von Exekutive, Legislative und Judikative in der Verfassung der USA)
- 1751 Corona Schröter (herausragende Schauspielerin, die erste Darstellerin der Iphigenie)
- 1751 Christian Fürchtegott Gellert (Moralphilosoph, legte Grundstein der deutschen sittlichen Kultur)
- 1752 Joseph-Marie Jacquard (erfand die Jacquard Strickmaschine, trug zur industriellen Revolution bei)
- 1752 Louise von Göchhausen (Hofdame Anna-Amalie's in Weimar, wegen ihrer Klugheit geschätzt ...)
- 1753 Marianne Ehrmann (Verlegerin, gab als erste Deutsche eine Frauenzeitschrift heraus - Beispiel)
- 1753 Benjamin Thompson (Physiker, entwickelte ein Kommunikationssystem für Schiffe ...)
- 1754 Elisa von der Recke (Dichterin z.B.: "Über Naumann, den guten Menschen und großen Künstler")
- 1754 William Murdock (Physiker, erfand 1792 das Gas-Licht und die Rohrpost)
- 1755 Marie Antoinette (kam ihrer Aufgabe als "4" nicht nach, vieles ist hier unklar, auch Tod)

- 1755 Samuel Hahnemann (Begründer der Homöopathie)
- 1755 Gaspard de Prony (wichtiger Wasserbauingenieur in Frankreich)
- 1756 Wolfgang Amadeus Mozart (genialer Komponist der Wiener Klassik)
- 1756 Maria Catharina Mouge (....)
- 1756 Ernst Chladni (Physiker, begründete die Akustik)
- 1756 Maximilian I von Bayern (erarbeitete die erste Verfassung Bayerns, die 100 Jahre Bestand hatte)
- 1756 Franz Josef von Gerstner (böhmischer Physiker ...)
- 1758 Fanny von Arnstein (jüdische Wiener Salondame, engagierte sich in der Krankenpflege)
- 1759 Seraphim von Sarow (Mönch, sah im Ziel des Lebens, die Erlangung des "heiligen Geistes")
- 1759 Sarah Wentworth Morton (am. Autorin ...)
- 1761 Carolina Labes (...)
- 1761 Kaspar Maria von Sternberg (Botaniker, Begründer der modernen Paläobotanik)
- 1762 Christoph Wilhelm Hufeland (setze sich für die soziale Krankenversorgung Armer ein)
- 1762 Johann Gottlieb Fichte (Philosoph, "Wer Kinder erziehen will, muss selber erzogen sein")
- 1762 Karl Christian Gmelin (Botaniker, sah die Naturwissenschaften als Nutzen für das Staatswohl)
- 1763 George Morland (englischer Maler, der Bilder wie Farbfotografien malte)
- 1763 Johann Georg Tralles (Physiker, bestimmte den Alkoholgehalt in Flüssigkeiten)
- 1763 Joséphine de Beauharnais (Frau von Napoleon Bonaparte ... versagte als "erlöste Seele")
- 1763 Claude Chappe (Vater des Telegraphen)
- 1763 Susanne Henry (Malerin, malte Bildergeschichten mit erzieherischem Charakter - Beispiel)
- 1764 Paul Erman (Physiker, leistete wichtige Beiträge für die Hydrologie ...)
- 1764 Henriette Herz (Schriftstellerin, veranstaltete in Berlin literarische Salons ...)
- 1764 Dorothea Schlegel (Schriftstellerin, trat für ein freies Zusammenleben von Mann und Frau ein)
- 1764 Johann Albert Eytelwein (Vermesser, definierte die damaligen Maßeinheiten)
- 1764 Barbara J. von Kürdener (Schriftstellerin, bewog Zar Alexander I zur Heiligen Allianz)
- 1765 Emma Hamilton (Beispiel einer aktiven Frau, die absolut frei war + unermüdlich England diente)
- 1765 Robert Fulton (Ingenieur, baute die ersten brauchbaren Dampfschiffe)
- 1765 Franz von Baader (Philosoph + Fabrikant, Sozialreformer; gegen den kirchlichen Absolutismus)
- 1766 Dominique Jean Larrey (Schöpfer einer völlig neuen Kriegschirurgie -> fliegende Lazarette)
- 1766 Anne Louise Germaine de Stael (engagierte Schriftstellerin, Opposition zu Napoleon Bonaparte)
- 1767 Wilhelm von Humboldt (begründete die Humboldt-Universität in Berlin)
- 1767 John Q. Adams (Präsident der USA, setzte sich für Sklaven und Indianer ein)
- 1768 Georg Gottlieb Schmidt (Physiker, studierte das Verhalten von Gasen) ...
- 1768 Friedrich Schleiermacher (Theologe, verteidigte die Religion als Bestandteil des Menschseins)
- 1768 Francois-René de Chateaubriand (Diplomat für ein positives Verhältnis von Frankreich + Spanien)
- 1768 Julie Henriette Herz (gründete literarischen Salon in Berlin ohne Konfessions-/Standesunterschied)
- 1769 Alexander von Humboldt (erforschte die Natur Südamerikas + schuf interdisziplinäres Netzwerk)
- 1770 Ludwig van Beethoven (führte die Musik seiner Epoche zur höchsten Stilvollendung)
- 1770 Christoph Gottlieb Groskurd (systematisierte das Wissen von Strabon 63 BC)
- 1770 Sophie Mereau (Schriftstellerin, forderte das Recht der Frau auf freie Partnerwahl)
- 1771 Marie Francois Bichat (Anatom, legte das Fundament für die Zellular-Pathologie)
- 1771 Christian Friedrich Augustin (Theologe, machte sich um den Halberstädter Domschatz verdient)
- 1771 Rahel Varnhagen von Ense (Schriftstellerin, Frauenemanzipation + verfasste Lexikonbeiträge)
- 1771 Richard Trevithick (erfand die Dampflokomotive)
- 1771 Friedrich Kreutzer (schrieb: *Symbolik und Mythologie der alten Völker ...)*
- 1772 Friedrich von Schlegel (Philosoph, Begründer der modernen Geisteswissenschaften)
- 1772 Novalis (Lyriker, träumte von einem geeinten Europa und schrieb Hymnen an die Nacht)
- 1772 Samuel Taylor Coleridge (Philosoph und Kritiker, schrieb *Sibylline Leaves)*
- 1773 Ludwig Tieck (Schriftsteller, dessen "kritischen Schriften" weitestgehend unbeachtet blieben)
- 1773 Regina Josepha von Siebold (Hebamme, erhielt die Ehrendoktorwürde)
- 1774 Jean Baptiste Biot (Physiker, untersuchte das Erdmagnetfeld und seine Inklination)
- 1774 Anna Katharina Emmerick (trotz eigener Schwerbehinderung fungierte sie als Psychologin)
- 1775 André Marie Ampere (Physiker, entdeckte, dass fließender Strom, Ursache für Magnetismus ist)

- 1775 Louis Malus (Physiker, erforschte die Lichtbrechung)
- 1775 Jane Austen (trotz gesellschaftlicher Vorbehalte ergriff sie als Frau den Beruf eines Autors)
- 1775 Sophie Bernhardi (deutsche Dichterin, schrieb den Briefroman *"Julie Saint Albain"*)
- 1776 Johann Babitist Frey (erfand die wetterfeste Bekleidung = Loden)
- 1776 Jean Baptiste Camille Corot (beeinflusste als Maler die Entwicklung des Impressionismus)
- 1776 Lorenzo Avoardro (Chemiker, beschrieb die Affinität der Elemente)
- 1776 Johann Willhelm Ritter (Physiker, entdeckte am Ende des Spektrums die Ultraviolett-Strahlen)
- 1776 Johann Friedrich Herbart (reformierte das preußische Schulwesen)
- 1776 Nees von Esenbeck (Naturphilosoph + Sozialist gründete 1848 ersten Arbeiterverein in Breslau)
- 1776 Gottfried Treviranus (Arzt, der Zweck der Medizin ist die Erhaltung der Gesundheit ...)
- 1776 Sophie Germain (Physikerin, beschäftigte sich mit den Vibration elastischer Flächen)
- 1776 Luise Duttenhofer (Scherenschneiderin, fertigte u.a. auch beißende Satiren - Beispiele)
- 1777 Friedrich de la Motte Fouque (Dichter, hielt Vorlesung über und gegen den Zeitgeist)
- 1777 Louis Jaques Thénand (Chemiker, entdeckte das Wasserstoffperoxyd)
- 1777 Carl Friedrich Gauß (Mathematiker + Physiker, fand das Gauß´sche Gesetz)
- 1777 Hans Christian Oersted (Physiker, stellte erstmals Aluminium her)
- 1778 Joseph Lancaster (moderner Pädagoge richtete Berufsschulen ein)
- 1778 Joseph Louis Gay-Lussac (Chemiker, erreichte mit Wasserstoffballon die Höhe von 4.000 m)
- 1778 Humphry Davy (Chemiker, Elemente Natrium, Kalium, Barium, Strontium, Magnesium + Bor)
- 1778 Pierre Fidéle Bretonneau (Arzt, entwickelte den Luftröhrenschnitt)
- 1778 Clemens Brentano (Schriftsteller, verfasste u.a. den Roman Godwi ...)
- 1778 Christiane Becker Neumann (hervorragende Schauspielerin in Weimar ...),
- 1779 Dietrich von Kieser (Arzt, setzte sich vehement für die Behandlung psychisch Kranker ein)
- 1780 Johann Wolfgang Döbereiner (ermöglicht die Katalyse mit Platin)
- 1780 Martin Leberecht de Wette (Theologe, schaffte die Grundlagen der Dogmatik)
- 1781 Siméon Denis Poisson (Physiker, erforschte die Elastizität)
- 1781 Achim von Arnim (Schriftsteller, Herausgeber der Tageszeitung "Der preußische Correspondent")
- 1781 Adelbert von Chamisso (Schriftsteller, kritisierte die Napoleonischen Kriege)
- 1781 George Stephenson (erfand die Sicherheitslampe für Grubenarbeiter)
- 1781 Caroline Bardua (Malerin ...)
- 1782 Friedrich Fröbel (Pädagoge, entwickelte frühkindliche pädagogische Grundformen)
- 1783 William Sturgeon (Physiker, stellte die ersten Elektromagnete her)
- 1783 Max von Scheckendorff (Autor, schrieb patriotisches Kinderbuch "Vaterländische Erzählungen")
- 1783 Wilhelmine von Chézy (Frauenschriftstellerin, schrieb u.a. "Ein neues altes Lied")
- 1783 Jeanette Strauß-Wohl (Jüdin, kam ihrer Aufgabe als "4" nicht nach ....)
- 1784 Leo Klenze (bayerischer Hofarchitekt, entwarf Denkmalschutzplan für Athen + baute Eremitage)
- 1785 Jean Peltier (Physiker, entdeckte den Peltier-Effekt)
- 1785 Adam Sedgwick (machte Cambridge zu einer modernen Bildungs-& Forschungseinrichtung)
- 1785 Karl Drais (Ingenieur, erfand u.a. den Vorgänger des heutigen Fahrrades)
- 1785 Alessandro Manzoni (Autor, ...)
- 1785 Anna P. Milder-Hauptmann (begnadete Opernsängerin ...)
- 1785 Bettina von Arnim (deutsche Schriftstellerin mit großem sozialkritischem Engagement
    -> Leitfigur der Frauenemanzipation)
- 1786 Jean-Baptiste Fourier (Physiker, Wärmeausbreitung in Festkörpern)
- 1786 Wilhelm Grimm (Sprach- + Literaturwissenschaftler, verfasste das erste Deutsche Wörterbuch)
- 1787 Joseph von Fraunhofer (Wissenschaftler, seine Arbeitsmethodik hat bis heute Gültigkeit)
- 1787 Nils Gabriel Selfström (fand das Element Vanadium)
- 1787 Louis Daguerre (entwickelte ein fotografisches Verfahren, das Scheinpositive erzeugte)
- 1787 Ferdinand von Ritgen (Gynäkologe, Begründer der Geburtshelferschulen)
- 1787 Christian Friedrich von Stockmar (Arzt + Staatsmann, beriet den Hochadel in ganz Europa)
- 1787 Wilhelm Harnisch (Pädagoge, Vater der Heimatkunde)
- 1787 Jan Evangelist Purkyné (Physiologe, beschrieb die Rinde des Kleinhirnes)
- 1788 Augustin Fresnel (Physiker, Begründer der Wellentheorie des Lichtes)

- 1788 George Gordon Byron (Dichter, unterstütze die griechische Unabhängigkeitsbewegung)
- 1788 Wilhelmine Reichard (Ballonfahrerin, nahm erste physikalische Messungen der Atmosphäre vor)
- 1789 Georg Simon Ohm (Physiker, Ursache fand das Ohm´sches Gesetz)
- 1790 Antonie Adamberger (Schauspielerin, ...)
- 1791 Samuel Morse (der eigentliche Begründer der Digitalisierung der unserer Neuzeit)
- 1791 John Mercer (fand eine Möglichkeit der Textilveredelung - Merzerisation)
- 1791 Michael Faraday (entdeckte die elektromagnetische Induktion)
- 1791 Alexis Thrérèse Petit (entdeckte das Dulong-Petit-Gesetz)
- 1791 Claude Servais Mathias Pouillet (Physiker, Thermodynamik ...)
- 1791 Anna Maria Ellenrieder (Malerin, durfte als 1. Frau an der Kunstakademie in München studieren)
- 1792 Gioacchino Antonio Rossini (Komponist, schrieb 39 Opern)
- 1792 Johann Friedrich Dieffenbach (Chirurg, Vater der plastischen Chirurgie)
- 1792 Julie von Egloffstein (Hofdame, ...)
- 1792 Johan August Arfwedson (Chemiker: entdeckte das chemische Element Lithium)
- 1792 Gaspard Gustave Coriolis (Physiker, definierte kinetische Energie und mechanische Arbeit)
- 1794 Jacques Babinet (Physiker: entwickelte optische Apparate und beugte das Licht)
- 1794 Elias Magnus Fries (Botaniker, klassifizierte alle Pilzarten -> Vater der Mykologie)
- 1794 Christian Heinrich Pander (Zoologe, embryologische Forschung ...)
- 1795 Gabriel Lamé (Physiker, löste die Wärmeleitungsgleichung)
- 1795 Karl Ludwig Sand (Burschenschafter, trat für eine deutsche Revolution gegen den Adel ein)
- 1796 Nicolas Léonard Sadi Carnod (Physiker: begründete die Thermodynamik)
- 1796 Johann Christian Poggendorf (Physiker, Poggendorf´sche Täuschung)
- 1796 Lambert Adolphe Quetelet (Statistiker, Vater der Wahrscheinlichkeitsrechnung)
- 1796 Philipp Franz von Siebold (Arzt, brachte die Erkenntnisse westlicher Medizin nach Japan)
- 1796 John Torrey (Botaniker, beschrieb die Fauna und Flora von Nordamerika)
- 1796 August Graf von Platen (Dichter, schrieb u.a. *Sonette aus Venedig)*
- 1797 Joseph Henry (Physiker, fand das Phänomen der Selbstinduktion)
- 1797 Sir Charles Lyrell (Geologieprofessor, „Menschengeschlecht ist erheblich älter, als angenommen)
- 1797 Joseph Gerhard Zuccarini (Botaniker, geografische Verbreitung von Pflanzen auf unserer Welt)
- 1797 Gotthilf Heinrich Hagen (Wasserbauingenieur, Methoden zur Dünenbefestigung an Meeresküsten)
- 1797 Ida Pfeiffer (Entdeckerin, reiste als Frau alleine um die Welt)
- 1798 Giacomo Leopardi (erneuerte die italienische Literatursprache)
- 1798 Louise Henry (Berliner Stimmungsmalerin, kam ihrer Aufgabe als "4" nicht nach)
- 1798 Marie Doval (franz. Schauspielerin ...)
- 1799 Wilhelm Adolf Lette (gründete "Verein zur Erwerbstätigkeit des weiblichen Geschlechts")
- 1799 Robert von Mohl (plädierte für den Rechtsstaat anstatt des aristokratischen Polizeistaates)
- 1799 Ignatz von Döllinger (Theologe, Vordenker der Ökumene und der Wiedervereinigung der beiden
  christlichen Kirchen)
- 1800 William Talbot (erfand Fotonegative für Abzüge von Fotos; machte Eindrücke transportabel)
- 1800 Charles Goodyear (Chemiker, Erfinder des Hartgummis)
- 1800 Theodor Fliedner (Pfarrer, gründete 1833 ein Asyl für weibliche Strafentlassene)
- 1800 Jean Baptiste Dumas (Chemiker, legte die Grundlagen zur modernen Analysenmethode)
- 1800 George Bentham (Botaniker, schuf ein einmaliges Herbarium)

Erlöste Seelen 1801 – 1900

- 1801 Philipp Eduard Devrient (Theaterleiter stellte Regeln des Probenablaufes auf, bis heute gültig)
- 1801 Jacques Triger (Ingenieur der Geologie)
- 1801 Gustav Theodor Ferchner (Physiker, verhalf der Atomistik zum Durchbruch)
- 1801 Auguste Arthur de la Rive (Physiker, lieferte u.a. Untersuchungen zur Wellenoptik ...)
- 1801 Vincent Alexander Bochdalek (Anatom, entwicklungsgeschichtl. Fehlbildungen beim Menschen)
- 1801 Johannes Peter Müller (Meeresbiologe, entdeckte das Plankton und den Müller-Gang)
- 1801 Kathinka Zitz-Halein (gründete die Frauenorganisation Humania - half verfolgten Demokratinnen)
- 1802 Lajos Kussuth (Nationalheld Ungarns, der für die Unabhängigkeit Ungarns von Österreich eintrat)

- 1802 Janos Bolay (Mathematiker, fand die nicht-euklidische Geometrie + Abhandlungen über die Seele)
- 1803 John Ericsson (schwedischer Erfinder, stattete 1. Handelsschiff mit einem Propellerantrieb aus)
- 1803 Prosper Merimee (war oberster französischer Denkmalschützer)
- 1803 Joseph K. Mansfield (änderte Kampfstrategie nord-amerikanischer Soldaten, reduzierte Verluste)
- 1803 Christian Doppler (Physiker, fand den Doppler-Effekt)
- 1803 Karl Emil von Schaffhäutl (Physiker, entdeckte Stickstoff im Eisen -> entwickelte Stahl)
- 1803 William Sullivant (Botaniker, katalogisierte und beschrieb die Pflanzenwelt ...)
- 1804 Nathaniel Hawthrone (amerikanischer Schriftsteller)
- 1804 Karl Volkmar Stoy (Pädagoge, führte den deutschen Wandertag ein)
- 1804 Sir Richard Owen (Biologe, entdeckte die Trichinen im Hausschwein)
- 1804 Matthias Jacob Schleiden (Botaniker, begründete die Zelltheorie)
- 1804 Eduard Möricke (Lyriker, ersann das Fantasieland Orplid)
- 1804 Ludwig A. Feuerbach (Philosoph, kritisierte Religion und Philosophie)
- 1804 George Sand (Schriftstellerin, Sozialkritikerin forderte Selbstbestimmung der Frau, "Mauprat")
- 1805 Ferdinand Lesseps (Erbauer des Suez-Kanales und Projektant des Panama-Kanales)
- 1805 Auguste Blanqui (unermüdlicher franz. Revolutionär, der nie aufgab ...)
- 1805 Ida von Hahn-Hahn (meistgelesene Autorin ihrer Zeit, schrieb "Wahl und Führung")
- 1806 Stuart Mill (Sozialreformer, Vater klassischer Nationalökonomie + sozialer Mindestabsicherung)
- 1806 Max Stirner (Journalist, ...)
- 1807 Henry Wadworth Longfellow (das Lied von Hiawatha)
- 1807 Theophile Jules Pelouze (Chemiker: hat den Sprengstoff entwickelt)
- 1807 Caroline Bauer (Schauspielerin ...)
- 1807 Henriette Ottenheimer (Poetin, schrieb "Der Kettenschmied - ein Märchentraum)
- 1808 Caroline von Perin-Gardenstein (Frauenrechtlerin, gründete Wiener demokratischen Frauenverein)
- 1808 Henry Edward Manning (Theologe, baute Westminster Cathedral + das kath. Bildungswesen)
- 1809 Charles Darwin (moderne Evolutionstheorie + Abstammungslehre)
- 1809 Satorius von Waltershausen (Geologe ...)
- 1809 Frederik Paludan-Müller (Autor, *Ivar Lykkes Historie"* Satire gegen Bürgerlichkeit Dänemarks)
- 1809 Pierre-Joseph Proudhon (franz. Soziologe, erster Vertreter des Anarchismus)
- 1809 Felix Mendelsohn Bartholdy (Komponist, ...)
- 1809 Edgar Allan Poe (Autor, gründete das Genre der Kriminalliteratur)
- 1810 Eugene Belgrand (Ingenieur ...)
- 1810 Eliphas Lévi (Okkultist, schrieb *Le livre des splendeurs;* Christentum fehlt der Kern ihrer Lehre)
- 1810 Henri Victor Regnault (Physiker, Tertachlorkohlenstoff, Venylchlorid + Trichlorathylen)
- 1810 Bernhard von Langenbeck (Chirurg, machte Berliner Charité zum Zentrum für Chirurgie)
- 1811 Wilhelm Emmanuel Ketteler (gründete als Bischof die katholische Arbeiter-Bewegung)
- 1811 Auguste Bravais (Physiker: nur 14 Möglichkeiten von Kristallgittern = Bravais-Gitter)
- 1811 Urbain Le Verrier (Mathematiker und Astronom ...)
- 1811 Dr. James Young (Chemiker, entdeckte die Nutzungsmöglichkeiten des Ölschiefers ...)
- 1811 Thomas Lobb (Botaniker ...)
- 1811 Augusta (liberal gesinnte Kaiserin, Pazifistin, war gegen den dt./französischen Krieg 1870/71)
- 1811 Caroline Pierson (Lyrikerin "Ehen werden im Himmel geschlossen")
- 1811 Theophile Gautier (franz. Autor, schrieb *Le Capitaine Fracasse)*
- 1811 Adolphe Dennery (franz. Bühnenautorin, schrieb 200 Bühnenstücke ...)
- 1812 Kaspar Hauser (konnte auf Grund der Umstände seinen Auftrag als "erlöste Seele" nicht erfüllen)
- 1812 Filippo Pacini (Anatom, entdeckte 1854 den Erreger der Cholera -> Bakterium)
- 1812 Edouard Séguin (Arzt, gründete die erst Schule für geistig Behinderte)
- 1812 Carl Ludwig Kirschbaum (Zoologe, erforschte die Zikaden ...)
- 1812 Charles Dickens (Autor, protestierte gegen die sozialen Missstände seiner Zeit)
- 1813 Adolph Kolping (schloss die ersten Gesellenvereine zusammen, begründete das Kolpingwerk)
- 1813 Thomas Andrews (Physiker, Wärmeentwicklung bei chemischen Prozessen)
- 1813 Soeren Kirkegaard (bemängelte, dass sich viele Christen nennen, anstatt das Christentum zu leben)
- 1813 John Servais Stas (Physiker, führte erstmals Messungen der exakten Atomgewichte durch)

- 1813 Jules Petiet (Ingenieur ...)
- 1813 Christian Heinrich Friedrich Peters (Astronom, machte interessante Sonnenbeobachtungen ...)
- 1813 John Snow (Arzt, Vater der Epidemiologie -> Cholerabekämpfung in London)
- 1813 Franz Jakob Kreuter (bekannter Bauingenieur ...)
- 1814 Wilhelm Gottlieb Hankel (Physiker, fand thermoelektrische Strömen zwischen Metallen)
- 1814 Hermann Schacht (Botaniker, beschrieb die Spermatozoen im Pflanzenreich)
- 1814 John Ramsbuttom (erfand die Sicherheitsventile für Dampfdruckkessel)
- 1814 Marianne Menzzer (Frauenrechtlerin, benutzte als erste statistisches Material zur Argumentation)
- 1814 Betty Paoli (Lyrikerin, Grillparzer nannte sie 1. Lyrikerin Österreichs)
- 1814 Michail A. Bakunin (russ. Sozialrevolutionär, vertritt radikal seinen "antiautoritären Sozialismus")
- 1814 Jenny von Westfalen (Ehefrau und Beraterin von Karl Marx)
- 1815 Giovanni Abbate Caselli (Physiker: Vater des Telefaxgerätes)
- 1815 Gustav-Adolf Hirn (Physiker, gründete eine meteorologische Station in Colmar)
- 1815 Crawford Williamson Long (Chirurg, verwandte als erster Äther für die Narkose)
- 1815 Horace Wells (Zahnarzt, verwendete erstmals Lachgas zur Anästhesie)
- 1815 James B. Fancis (Ingenieur, erfand die Francis-Wasser-Turbine mit verstellbaren Schaufelrädern)
- 1816 Ernst Litfaß (Erfinder der Werbung)
- 1816 Ferdinand von Hebra (der erste Dermatologe ...)
- 1817 Charles Adophe Wurtz (Chemiker, synthetisierte Ethylamin, Glykol + Phosphoroxychlorid)
- 1817 Jean Baptist Chiari (Gynäkologe, beschrieb die Gefahren hormoneller Störungen nach der Geburt)
- 1817 Wilhelm Griesinger (leitete 1. Einrichtung für Kinder mit geistiger Behinderung in Deutschland)
- 1817 August Peters (dt. Erzähler, gründete in Meißen das demokratische Wochenblatt: Die Barrikade)
- 1817 Tuiskon Ziller (gründete 1861 ein pädagogisches Seminar)
- 1817 Carl Wilhelm von Naegeli (Botanik-Professor, leistete Bedeutendes bei der Wissensvermittlung)
- 1817 Nikolaus Riggenbach (Erfinder der Gegendruckbremse)
- 1817 Louise von Francois (Autorin, genaue Beobachterin, schrieb Stufenjahre eines Glücklichen)
- 1817 Emma Herwegh (Revolutionärin, Kämpferin der "Deutsche Demokratische Legion")
- 1818 Reinhold Heidecke (Konstrukteur von Fotokameras, u.a. der Rollei)
- 1818 Christian IX (König von Dänemark, der eigentliche Begründer Europas; verband "Kleinstaaten")
- 1818 Karl Marx (wissenschaftlicher Sozialismus)
- 1818 Carl Fresenius (qualitative chemische Analyse)
- 1818 Ignatz Semmelweis (Arzt, erkannte die Ursachen des Kindbettfiebers -> Hygienevorschriften)
- 1818 Franz Donders (Physiologe, Pionier der Augenheilkunde)
- 1818 Lewis Henry Morgan (Anthropologe, trat für die indigenen Völker Nordamerikas ein)
- 1819 Joseph Bazalgette (erbaute das Londoner Abwassersystem, erfand umgekehrte Eiform der Kanäle)
- 1818 Maria Mitchell (Astronomin, Vorkämpferin der Frauenrechte)
- 1819 Walt Whitman (Gleichberechtigung der Geschlechter/Seelen + Erkenntnisse zum Tod)
- 1819 Jean August Barral (...)
- 1819 Leon Foucault (Physiker, maß als Erster, die Lichtgeschwindigkeit)
- 1819 Erik Edlund (Physiker, Wetterstationen, die per Funk Daten an Zentrale übermittelten)
- 1819 Elias Howe (Erfinder der Nähmaschine)
- 1819 Louise Otto Peters (Schriftstellerin " Lerche des Völkerfrühlings")
- 1820 Florence Nightingale (setzte sich rebellisch für Gesundheitsfürsorge der armen Bevölkerung ein)
- 1820 Herbert Spencer (Philosoph, wandte die Evolutionstheorie auf die gesellschaftl. Entwicklung an)
- 1820 Alexandre Edmond Becquerel (Physiker, Vater der Photovoltaik)
- 1821 Luitpold von Bayern (führte 1903 das Frauenstudium in Bayern ein)
- 1821 Herrmann von Helmholtz (physikalisches Universalgenie, entwickelte den Helmholtz-Resonator)
- 1821 Rudolf Virchow (Arzt, setzte sich für die medizinische Grundversorgung der Bevölkerung ein)
- 1821 Johann Friedrich Müller (Biologe, erforschte als erster die Naturgeschichte des Regenwaldes)
- 1821 Wilhelm Rüstow (Militärschriftsteller, "Der deutsche Militärstaat vor und nach der Revolution")
- 1821 Charles Baudelaire (Lyriker, gründete 1848 eine linke revolutionäre Zeitschrift)
- 1821 Luise Büchner (Frauenrechtlerin, trat für die Bezahlung von Pflegeberufen ein)
- 1822 August Krönig (Vater der kinetischen Gastheorie)

- 1822 Louis Pasteur (Pionier der Mikrobiologie, entwickelte u.a. einen Impfstoff gegen Tollwut)
- 1822 Rudolf Clausius (Physiker, entdeckte den 2. Hauptsatz der Thermodynamik)
- 1822 Rudolf Leuckart (Zoologe, erforschte Parasitenbefall beim Menschen + dadurch verursachte Krankheiten)
- 1822 Gregor Mendel (Naturforscher, entdeckte die Merkmale der Vererbung - Vater der Genetik)
- 1822 Ètienne Lenoir (Ingenieur, Vater des Gasmotors und damit des 2-Takt-Motors)
- 1823 Alfred Russel Wallace (Philosoph, Sozialist + Aktivist der englischen Landreformbewegung)
- 1823 Wilhelm Heinrich Riehl (wissenschaftlicher Begründer der Volkskunde)
- 1823 Elise Polko (Sängerin, hatte riesiges Talent, dass sie wegen Heirat aber nicht verwirklichte ...)
- 1824 Pierre-Emile Martin (Siemens-Martin-Verfahren reinigte Roheisen zur Stahlgewinnung)
- 1824 Gustav Robert Kirchhoff (Physiker: das Strahlungsgesetz)
- 1824 Dayânand Sarasvatî (indischer Brahmane ...)
- 1824 Paul Broca (Arzt: entdeckte das limbische System)
- 1824 Carola von Janke (Autorin ...)
- 1824 Albert-Ernest Carrier-Belleuse (franz. Bildhauer, schul Plastiken höchster Lebendigkeit)
- 1825 Winfield Scott Hancock (General der Unionsarmee kämpfte für die Abschaffung der Sklaverei)
- 1825 Jean-Marie Charcot (Neurologe, grenzte MS, Parkinson & ALS ab)
- 1825 Charles Augustus Hartley (Wasserbauingenieur, verbesserte die Schiffbarkeit der Donau)
- 1825 Ferdinand Lassalle (Staatssozialist, Vater der Sozialdemokratie in Deutschland)
- 1825 David Wineland (Physiker, geboren in Fayette Co. USA ...)
- 1826 Gustav Heinrich Wiedemann (Physiker, beschäftigte sich mit der Polarisation des Lichts)
- 1827 Leopold Dippel (Botaniker, entdeckte das Arboretum, Jahresringe der Bäume)
- 1827 Heinrich Leuthold (Dichter, schrieb u.a. "Das Mädchen von Recco")
- 1828 Leo Tolstoi (verbesserte die Lage seiner Leibeigenen und erschuf das russische Schulwesen)
- 1828 Joseph Wilson Swan (entwickelte 1. brauchbare Glühlampe + Bromidpapier für die Fotographie)
- 1828 Gustav Zeuner (Ingenieur, gründete die Zeitschrift der Civilingenieur)
- 1828 Henry Dunant (Begründer des Roten Kreuzes)
- 1828 Friedrich Albert Lange (war als Ökonom Gegner des Materialismus)
- 1829 Theodor Billroth (Chirurg, Begründer der modernen Kehlkopf-Chirurgie)
- 1829 John Everett Millais (brit. Maler ...)
- 1829 Anton von Tröltsch (Arzt, behandelte komplizierte Knochenbrüche anstatt zu amputieren)
- 1829 Simon Schwendener (Botaniker, erforschte den Doppelorganismus von Flechten)
- 1829 Lester Pelton (Erfinder, entwickelte die Pelton-Turbine für Wasserkraftwerke)
- 1829 Emmy von Rhoden (Autorin, schrieb "Trotzkopf" und wichtiger: "Lenchen Braun")
- 1829 Jenny Hirsch (Lehrerin, eröffnete eine konfessionsübergreifende Elementarschule in Zerbst)
- 1830 Marie von Ebner Eschenbach (engagierte Frauenrechtlerin + Sozialkritikerin des 19. Jahrhunderts)
- 1830 Johann Gottlob Geissler (Missionar Papua-Neuguinea kaufte Kindersklaven frei + bildete sie aus)
- 1830 Jules Péan (Chirurg, legte den ersten künstlichen Darmausgang)
- 1831 James Clerk Maxwell (Physiker erarbeitete die Grundlagen der Elektrizitätslehre + Magnetismus)
- 1831 Nikolei Leskow (setzte sich kritisch mit Kirche und Staat in Russland auseinander)
- 1831 Johannes Bosscha (Physiker: maß als erster die Kraft von Elektromotoren)
- 1831 Wilhelm His (Anatom, legte das Fundament für die Neuronentheorie)
- 1831 Anton Kerner (Arzt und Naturforscher ...)
- 1831 Siegfried Marcus (Erfinder, baute 1875 das erste vollständige Automobil der Welt)
- 1831 Josef Werndl (Idee des "Austauschbaus" für die Massenproduktion - Pionier der modernen Plattformproduktion)
- 1831 Hedwig Dohm (Frauenrechtlerin, geschlechtsspezif. Verhaltensweisen sind kulturelle Prägung)
- 1832 William Crookes (Physiker und Chemiker, entdeckte das chemische Element Thallium)
- 1832 Heinrich Gottfried Gerber (Ingenieur, erfand den Gerber Träger)
- 1832 Edward Tylor (Begründer der Kulturanthropologie)
- 1833 Wilhelm Dilthey (Pädagoge, methodisierte die Geisteswissenschaften)
- 1833 Eugen Langen (Vater der Schwebebahnen in Wuppertal und Dresden ...)
- 1833 Johann Baptist von Schweitzer (Rechtsanwalt, Präsident des Deutschen Arbeitervereins)

- 1833 Lina Ramann (Musikpädagogin, entwickelte Lehrmethoden für den Musikunterricht)
- 1833 Auguste Schmidt (Frauenrechtlerin, gründete den Allgemeinen deutschen Frauenverein in Breslau)
- 1834 Georg Hermann Quincke (Physiker, entdeckte kollidierende Flüssigkeiten)
- 1834 Karl Friedrich Zöllner (Physiker, spektroskopische Geräte u.a. zur Messung von Proturbanzen)
- 1834 Dimitri Mendelejew (Chemiker, entwickelte Periodensystem + Zusammenhang Atomgewichter)
- 1834 August Weismann (Arzt, beschrieb Entstehung der Hippursäure im menschl. Körper - Rheuma)
- 1834 Philipp Reis (entwickelte die elektrische Sprachübermittlung -> Telefon = also nicht Bell!!!)
- 1834 Ernst Haeckel (Arzt + Freidenker, schieb das Buch "Die natürliche Schöpfungsgeschichte")
- 1834 Charles Haddon Spurgeon (Baptistenpastor, einer der bekanntesten Prediger des 19. JH)
- 1835 Alexandrine Tinne (erste Fotoreporterin Europas; Afrikaforscherin; war gegen Sklaverei)
- 1835 Adolf Wüllner (Physiker, definierte Flüssigkeiten + Gas anh. der Dichte der gesättigten Dämpfe)
- 1836 Arthur von Oettingen (Physiker, machte sich um die Thermodynamik verdient)
- 1836 Albert von Bezold (Physiologe, definierte den Betzold-Jarisch-Reflex beim Herzinfarkt)
- 1836 Aglaja Enders (org. auf Pariser Weltausstellung 1878 Pavillon f. Frauenarbeit -> Verdienstkreuz)
- 1836 Wilhelmine von Hillern (Schauspielerin ...)
- 1837 Johannes van der Waals (untersuchte Aggregatzustände von Gasen + Flüssigkeiten -> Nobelpreis)
- 1837 Herrmann Schwartze (Begründer der wissenschaftlichen Ohrenheilkunde)
- 1837 Wilhelm Hasenclever (Journalist, machte VORWÄRTS zum Sprachrohr der Soz. Arbeiter-Partei)
- 1837 Shozo Kawasaki (Begründer eines der größten japanischen Konzerne)
- 1838 Emile Loubet (franz. Staatspräsident verfasste die Entete Cordial)
- 1838 William Henry Perkin (entwickelte Farbstoffe)
- 1838 Paul Emile Lecoq de Boisbaudran (fand das chemische Element Gallium)
- 1838 Wladimir Markownikow (russischer Chemiker, der im restlichen Europa damals unbekannt war ...)
- 1838 Khedrup Gyatso (11. Dalai Lama im Tibet, verstarb früh, ohne als „4" tätig werden zu können)
- 1839 Josiah Willard Gibbs (Physiker, legte die Grundlagen der physikalischen Chemie)
- 1838 Sophie Wörrishofer (Autorin, schrieb "kreuz und quer durch Indien")
- 1848 Laura de Force Gordon (am. Feministin ...)
- 1839 Marianne Hainisch (gründete das erste Realgymnasium für Mädchen in Wien)
- 1840 Eduard Locher (Ingenieur, erfand Zahnradbahn, ermöglicht den Betrieb bei extremen Steigungen)
- 1840 Jean Lahor (Arzt und Poet, schrieb *Le Livre du néant)*
- 1840 Hiram Maxim (Ingenieur, baute das erste Maschinengewehr der Welt)
- 1840 Auguste Rodin (franz. Bildhauer der Extraklasse)
- 1841 Enoch Heinrich Kisch (Arzt für Bäderheilung, schrieb über das Geschlechtsleben des Weibes ...)
- 1842 John William Strutt (Physiker, fand das Edelgas Argon -> Nobelpreis 1904)
- 1842 Vincenz Czerny (Chirurg, baute das erste Zentrum für experimentelle Krebsforschung)
- 1842 Henryk Jordan (Arzt & Politiker, führte Turnunterricht für Mädchen an polnischen Schulen ein)
- 1842 Stéphane Mallarmé (Schriftsteller, Wegbereiter der modernen Lyrik)
- 1842 Julia Selinger (Lemberg ...)
- 1843 Otto Intze (Talsperre zum Hochwasserschutz + das größte Wasserkraftwerk Europas in der Eifel)
- 1843 Robert Koch (entdeckte 1884 den Colera-Erreger)
- 1843 Christian Christiansen (Physiker: untersuchte die optische Dispersion und Wärmestrahlung)
- 1843 David Ferrier (Neuro-Wissenschaftler, erforschte die Funktionen des Gehirns)
- 1843 Camillo Golgi (Physiologe, Vater der Kontrastmittel beim Röntgen)
- 1843 Otto Lueger (Ingenieur, gab das erste Lexikon der Technik heraus)
- 1843 Henry James (am. Autor, schrieb u.a. *The Turn of the Screw)*
- 1843 Richard Avenarius (Philosoph, entwickelte das "Ökonomieprinzip" für das seelische Leben ...)
- 1843 Bertha von Suttner (Pazifistin gründete "Verein der Friedensfreunde"; kämpfte gg. den NS-Staat)
- 1843 Helene von Dönniges (Autorin für die Gleichberechtigung der Frau ...)
- 1843 Franziska Tiburtius (1. promovierte Ärztin der damaligen Zeit - Kämpferin für das Frauenstudium)
- 1844 Wilhelm Leibl (Maler, der Menschen ungeschönt darstellte)
- 1844 Friedrich Nietzsche (kritisiert in "unzeitgemäßen Betrachtungen" geistigen Zustand Deutschlands)
- 1844 Heinrich Averbeck (Kurarzt, begründete die physikalischen Heilmethoden)
- 1844 Friedrich Miescher (Physiologe, Regelung der Atmung hängt v.d. CO2-Konzentration im Blut ab)

- 1844 Eduard Strasburger (Biologe, entdeckte die Teilung des pflanzlichen Zellkerns)
- 1844 Carl Derossi (Sozialdemokrat ...)
- 1844 Paul Verlaine (Schriftsteller, Vater des Genres "Reiseberichte")
- 1845 Susanna von Orelli (Sozialpolitikerin, engagierte sich für das Schweizer Volkswohl ...)
- 1845 Wilhelm Conrad Röntgen (Erfinder der Röntgenstrahlen)
- 1845 Marie Heim-Vögtlin (erste Schweizer Ärztin, gründete das Schweizer Frauenspital ...)
- 1845 Alphonse Laveran (Arzt, erforschte die Schlafkrankheit -> Nobelpreis 1907)
- 1845 Friedrich von Heffner-Alteneck (Ingenieur, schuf mehr Sicherheit im Eisenbahnverkehr)
- 1845 Paul Deussen (Philosophie-Historiker, verband die abendländische Philosophie mit der Indischen)
- 1846 George Westinghouse (Physiker, verhalf dem Wechselstrom zum Durchbruch)
- 1846 Max Fürbringer (Anatom, beschrieb die Geschichte der Entwicklung der Organe des Menschen)
- 1846 Ignatz Auer (Sozialdemokrat, Überblick über Aktivitäten der Sozialdemokratie: "Nach 10 Jahren")
- 1846 Elisabeth Förster-Nietzsche (machte aus Friedrich Nietzsches einen Propheten des Faschismus)
- 1846 Conrad Freytag (Vater des Stahlbetonbaus)
- 1847 Galileo Ferraris (Physiker, entwickelte Transformatoren und den heutigen Stromzähler)
- 1847 Irma von Troll-Borostáyni (ungarische Schriftstellerin, "Die Mission unseres Jahrhunderts")
- 1848 Adolf Winkelmann (Physiker, zeigte wichtige Eigenschaften der Röntgenstrahlen auf ...)
- 1848 Maximilian Nitze (Urologe, Erfinder des Zystoskopes)
- 1848 Hugo de Vries (Biologe, legte die Basis der Physikochemie)
- 1848 Ferdinand Mannlicher (Erfinder, ...)
- 1848 Johannes Rehmke (Philosoph, verstand Philosophie als überfachliche Grundwissenschaft)
- 1848 Helene Lange (Symbolfigur, weiblicher Einfluss soll Fehlentscheidungen der Männer korrigieren)
- 1849 William Osler (Arzt, Vater der modernen Medizin)
- 1849 Ellen Key (engagierte sich für Frauen und Kinderrechte)
- 1849 Iwan Pawlow (Mediziner, erforschte die Verdauungsdrüsen des Menschen -> Nobelpreis 1904)
- 1849 Fritz Mauthner (Philosoph, Herausgeber der 1. deutschen Wochenschrift für Kunst und Literatur)
- 1849 Franziska von Kapff-Essenther (Autodidaktin, eröffnete private Mädchenschule in Wien-Hernals)
- 1849 Sarah Orne Jewett (Autorin, schrieb "A white Heron")
- 1850 Ferdinand Braun (durch Erfindung der Kathodenstrahlröhre wurde drahtlose Telegraphie möglich)
- 1850 Guy de Moupassant (übte als Schriftsteller massive Kritik der Regierung + der Bourgeoisie)
- 1850 Eduard von Liebert (initiierte 1909 den Deutschen Frauenbund)
- 1850 Albert von Ettingshausen (Physiker, entdeckte den thermomagnetischen Effekt)
- 1850 Eugen Goldstein (Physiker, Kanalstrahlen + elektrische Ablenkbarkeit des Kathodenstrahls)
- 1850 Woldemar Voigt (Physiker, Entdecker des magnetisch linearen Dichroismus - Voigt Effekt)
- 1850 Johann von Milulicz (Chirurg, verwendete erstmals Mundschutz, Begründer der Gastroskopie)
- 1850 Gustav Adolf Neuber (Chirurg, Desinfektion bei der OP mit Kochsalzlösung)
- 1850 Wilhelm Vietor (Sprachwissenschaftler, kritisierte Zustände des Fremdsprachenunterrichts)
- 1850 Gustav Lindenthal (Brückenbauer, Überlegungen zu einer wissenschaftlichen Weltwährung)
- 1850 Sofja W. Kowalewskaja (erste Mathematikprofessorin + aktive Frauenrechtlerin)
- 1850 Ida von Kortzfleisch (Gründerin der Reifensteiner landwirtschaftlichen Frauenschulen)
- 1850 Alexandrine v. Schönerer (Direktorin des Theaters a.d. Wien, ermöglichte viele Uraufführungen)
- 1850 Helene von Mülinen (Frauenrechtlerin, setzte das Frauenstimmrecht in der Schweiz durch)
- 1850 Luise Adolpha Le Beau (begnadete Pianistin)
- 1850 Ahmadou Bamba (Erneuerer des Islam ...)
- 1850 Hermann Ebbinghaus (Psychologe, führte einen Satzergänzungstest für Schulkindern ein)
- 1851 Otto Schott (Erfinder des Lithiumglases in 1884 Varianten; einzigartige optische Fähigkeiten)
- 1851 Hermann Frasch (Erdölchemiker: Raffination von Paraffin-Wachs)
- 1851 Walther Mathias Hempel (vereinfachte die Gas-Analyse)
- 1851 Julius Pagel (Arzt, ...)
- 1851 Karl Moritz Schumann (Botaniker, Vater der Sukkulentenkunde (Kakteengattungen))
- 1851 Karoline W. de Vasconcelos (Romanistin, erstellte eine Studie zu romanischen Wortschöpfungen)
- 1852 Henri Moissan (isolierte als Erster reines Flur -> Nobelpreis)
- 1852 Antoine Henri Becquerel (Physiker, Entdecker der Radioaktivität -> Nobelpreis 1903)

- 1852 Otto Binswanger (Neurologe, erarbeitete bedeutende Erkenntnisse über Epilepsie)
- 1852 Friedrich Loeffler (Bakteriologe, erforschte die Maul und Klauenseuche)
- 1852 Santiago Ramon y Cajal (Arzt, erforschte die Feinstrukturen des Nervensystems -> Nobelpreis)
- 1852 Robert Kidston (Geologe, erforschte das Devon ...)
- 1852 Jeanette Schwerin (legte den Grundstein für professionelle Sozialarbeit in Deutschland)
- 1852 Isabelle Augusta Lady Gregory (gründete das staatlich subventionierte Abbey Theatre in Irland)
- 1853 Nikolai Lunin (verbesserte die Fütterung von Mastvieh und steigerte somit den Ertrag erheblich)
- 1853 Heike Kamerlingk Onnes (Verflüssigung von Gasen)
- 1853 Dr. Paul Julius Möbius (Neurologe, schrieb die Satire "Über den Schwachsinn des Weibes")
- 1853 Wladimir Korolenko (russischer Schriftsteller: ohne Freiheit keine Gerechtigkeit)
- 1853 Albrecht Kossel (Pionier der Zellchemie, bekam dafür den Nobelpreis)
- 1853 Gergorio Ricci-Curbastro (Physiker, ...)
- 1853 Marie Hafferl-Bernatzik (1. promovierte Juristin Österreichs, tat für das Frauenstudium Jura ein)
- 1853 Anna Plothow (Autorin, gründete die gemeinnützige Stellenvermittlung für Dienstboten in Berlin)
- 1854 Sergei Korsakow (großartiger Psychiater, behandelte Patienten human ohne Zwangsmaßnahmen)
- 1854 Friedrich Krupp (führte zahlreiche soziale Maßnahmen für seine Mitarbeiter ein)
- 1854 Julius Elster (Physiker, beschrieb erstmals die ionisierende Strahlung von Atomen + Molekülen)
- 1854 Johannes Rydberg (Physiker, entdeckte die Rydberg-Atome)
- 1854 Emil von Behring (Arzt, Serumtherapeut entwickelte Impfstoffe -> Nobelpreis 1901)
- 1854 Richard Frommel (Gynäkologe, schrieb über Schwangerschaften außerhalb der Gebärmutter)
- 1854 Georg Michael Kerschensteiner (Vater der Museumspädagogik)
- 1854 Paul Ehrlich (Serologe, Begründer der Chemotherapie)
- 1854 Paul Knuth (Botaniker, ...)
- 1854 Charles Parsons (Maschinenbauer, entwickelte die Reaktions-Dampfturbine)
- 1854 Wilhelm Jerusalem (Philosoph, forderte eine Bildungsreform der k.u.k.-Monarchie)
- 1854 Konstantin Jirecek (baute in Bulgarien die Verwaltung, das Schulwesen und die Wirtschaft auf)
- 1854 Max Bernstein (Theaterkritiker, "Anwalt" der literarischen Opposition gegen das NS-Regime)
- 1854 Oskar Wilde (irischer Schriftsteller, kritisierte die britische Oberklasse)
- 1854 James Frazer (Religionsethnologe, stellte alle Daten der Exogamie zusammen ...)
- 1854 Hermione von Preuschen (Autorin, schrieb "Yoshiwara - Freudenhaus des Lebens")
- 1854 Emma Pieczynska-Reichenbach (organisierte den "1. Kongress für die Interessen der Frau")
- 1854 Charlotte Niese (Autorin, schrieb "Die Allerjüngste")
- 1854 Ossip Schubin (tschechische Autorin, schrieb "Schatten")
- 1854 Arthur Rimbaud (Dichter, schrieb "Une saison en enfer")
- 1854 Jules Henri Poincaré (Mathematiker, entwickelte die Differenzialformen)
- 1855 James Alfred Ewing (Physiker, erforschte magnetische Eigenschaften von Metallen - Hysterese)
- 1855 Jesko von Puttkamer (Kommissar in Togoland, versuchte die Integration indigener Gesellschaften)
- 1855 Houston Stewart Chamberlain (schrieb auf 1.200 Seiten die Grundlagen des 19. JH)
- 1855 Ludwig Ganghofer (Heimatschriftsteller, schrieb "Die Sünden der Väter")
- 1855 Emile Verhaeren (belgischer Dichter, mit sozialem Bewusstsein)
- 1855 Edward D. Angle (Orthodentist, definierte die Lageklassen des menschlichen Kiefers)
- 1855 Iwan Mitschurin (Botaniker, züchtete als erster frostresistente Obstsorten)
- 1855 Auguste Fickert (Lehrerin, setzte das Frauenstimmrecht in Österreich durch)
- 1855 Dora Duncker (Autorin, schrieb über George Sand und den Roman "Die große Lüge")
- 1855 Marie Stritt (Frauenrechtlerin, gründete 1894 in Dresden den 1. Rechtsschutzverein für Frauen)
- 1855 Emilie Mataja (Autorin, schieb über die Zustände im Bürgertum, z.B.: "Moderne Menschen")
- 1855 Eleanor Marx (Tochter von Karl Marx, lernte jiddisch und engagiert sich für die Juden in London)
- 1855 Meta von Salis (Historikerin, setzte sich f.d. juristische Gleichstellung der Frau in der Schweiz ein)
- 1856 Nikola Tesla (Physiker, machte den Wechselstrom nutzbar)
- 1856 Albert de Dion (trug zur Massenmotorisierung in Europa bei ...)
- 1856 Karl Krumbacher (machte sich in Griechenland verdient ...)
- 1856 Carl Peters (Afrikaforscher, Begründer der Kolonie Deutsch-Ostafrika - kein gutes Beispiel!)
- 1856 George Bernhard Shaw (war Urheber des Gründungsprogramms der britischen Labor-Partei)

- 1856 Anna Fischer-Dückelmann (Ärztin schrieb "Die Frau als Hausärztin" - ärztl. Nachschlagebuch)
- 1856 Pauline Bindschedler (wurde als "4" nicht tätig)
- 1857 Theo van Gogh (unterhielt seinen erfolglosen Bruder Vincent van Gogh)
- 1857 Heinrich Hertz (Physiker wies die elektromagnetische Theorie des Lichts nach)
- 1857 Eugen Bleuler (Psychiater, hob die Trennung zwischen Krankheit und geistiger Gesundheit auf)
- 1857 Carl Koller (Begründer der Lokalanästhesie in der Augenheilkunde)
- 1857 Ronald Ross (Arzt, deckte auf, dass Malaria durch Mücken übertragen wird)
- 1857 Albert Veiel (Arzt, erkannte die Heilwirkung von Heilquellen bei Hauterkrankungen)
- 1857 Julia Platt (Biologin und Politikerin ...)
- 1857 Ronald Ross (Mediziner, erforschte Präventionsmöglichkeiten gegen Malaria -> Nobelpreis 1902)
- 1857 Konstantin E. Ziolkowski (Vater der russischen Raumfahrt)
- 1857 Clara Zetkin (Politikerin, gründete in Wiederau den 1. Verein für Frauengymnastik)
- 1857 Emma Ihrer (Politikerin, (Rechtsschutz-)*Verein zur Wahrung der Interessen der Arbeiterinnen)*
- 1857 Frieda von Bülow (gründete in Berlin den Frauenverein für Krankenpflege in den Kolonien")
- 1857 Ellen Idström (Autorin, schrieb "Nach 25 Jahren")
- 1858 Franz Boas (begründet Kulturrelativismus, Beispiel hoch entwickelter Indianerkulturen in USA)
- 1858 Carl Auer von Welsbach (Entdecker von Neodym, Praseodym, Ytterbium, Lutetium
      + Glühstrumpf Gaslicht)
- 1858 Elwood Mead (Ingenieur, baute den Hoover-Staudamm in den USA)
- 1858 Emil Strub (Erfinder der Standseilbahnen)
- 1858 Salomon Reinbach (Philologe, ...)
- 1858 Helene von Druskowitz (Religionskritikerin, „Zur neuen Lehre" A-Religiöses Gegengewicht)
- 1858 Ika Freudenberg (Führerin der gemäßigten Frauenbewegung in Bayern)
- 1858 Rosa Mayreder (Frauenrechtlerin, gründete den "Allgemeinen österreichischen Frauenverein")
- 1858 Marie Lang (Theosophin, setzte sich für den Mutterschutz + Rechte unehelicher Kinder ein)
- 1858 Eleonora Duse (Schauspielerin, Wegbereiterin der modernen Schauspielkunst)
- 1859 Rosa Papier (Sopranistin, arbeitete später als Professorin am Wiener Konservatorium)
- 1859 Childe Hassam (Maler, gründete den amerikanischen Expressionismus)
- 1859 Edmund Husserl (einflussreicher Denker des 20. JH; erkannte die Sinnkrise der Modernen)
- 1859 Svarte Arrhenius (elektrolytische Dissoziation)
- 1859 Carl Ludwig Schleich (Arzt, erfand die Infiltrationsanästhesie)
- 1859 Maria Janischek (Dichterin, "Die Amazonenschlacht" ein Buch für die Selbständigkeit der Frau)
- 1859 Richard Wossidlo (Volkskundler in Mecklenburg ...)
- 1859 Reinhold Seeberg (Theologe, beschäftigte sich mit "Sinnlichkeit und Sittlichkeit")
- 1859 Margarethe Jodl (gab den Impuls zu Gründung des Wiener Volksbildungsvereines)
- 1859 Helene von Forster (Frauenrechtlerin, setzte sich vehement für Frauenbildung ein)
- 1859 Anna Sacher (Wiener Hotelbesitzerin, unterhielt u.a. einen interessanten Salon für Intellektuelle)
- 1859 Ottilie Roederstein (Schweizer Malerin ...)
- 1859 Gabriele Reuter (Autorin, schrieb "Der Amerikaner")
- 1860 Jane Addams (Sozialarbeiterin, gründete "Siedlungshaus" + Abendschule für Arme in Chicago)
- 1860 W.K.Kellogg (Neuentwicklung vegetarischer Kost und großes soziales Engagement)
- 1860 Karl Max Fürst von Lichnowski (Botschafter in England warnte vor dem 1. Weltkrieg)
- 1860 Niels Ryberg Finsen (Arzt, untersuchte die Einwirkung der Sonnenstrahlen auf den Menschen)
- 1860 Franz Nissl (Neurologe, machte histopathologische Hirnstudien)
- 1860 Hugo Gaudig (Pädagoge, Vater des selbständigen Lernens und der Gruppenarbeit)
- 1860 Johannes Walther (Geologe, untersuchte Sedimente ...)
- 1860 Hugo Wolf (slowenischer Komponist, führte feine neue Differenzierungsformen ein ...)
- 1860 Clara Müller (Frauenrechtlerin, schrieb *Der Freiheit zu eigen, Gedichte")*
- 1860 Marianne von Werefkin (Malerin ...)
- 1860 Clara Viebig (Sozialkritikerin, unterstellt allen Menschen eine naturwissenschaftliche Begabung)
- 1860 Karl Halfdan Eduard Larsen (schwedischer Autor, "Schwester Marianna und Ihre Liebesbriefe")
- 1861 Aristide Maillol (beeinflusste maßgeblich die europäische Bildhauerei)
- 1861 Italo Svevo (führender italienischer Romanautor des 20. JH)

- 1861 Charles Edouard Guillaume (Physiker, entwickelte Invar-Legierungen -> Nobelpreis 1920)
- 1861 Christian Georg Schmorl (Pathologe, erforschte die Neugeborenengelbsucht)
- 1861 Helene Richter (jüdische Anglistin, ...)
- 1861 Henriette Fürth (Sozialreformerin, gründete "Centralverband dt. Staatsbürger jüd. Glaubens")
- 1861 Frieda Menshausen-Labriola (Portraitmalerin ...)
- 1862 Oswald Külpe (Begründer der Denkpsychologie)
- 1862 Agnes Pockels (Chemikerin, erfand die "Schieberinne" zur Untersuchung von Flüssigkeiten)
- 1862 Paula Dehmel (Kinderbuchautorin + Schwester von Franz Oppenheimer ....)
- 1862 Felix Mendel (Arzt, entwickelte den Tuberkulose-Test)
- 1862 Maurice Barrés (Autor, schrieb "Der beseelte Hügel")
- 1862 Mary Kingsley (Ethnologin erforschte Teile in Afrikas,
- 1862 Herta Sprung (Sozialpolitikerin, bekam als erste Frau in Österreich den Titel Hofrat)
- 1863 G. N. Lewis (Oktettheorie erstellt 1916)
- 1863 Paul Drude (Physiker, entdeckte spektroskopische Methode zum Nachweis von OH-Gruppen)
- 1863 Gabriele D´Annuncio (Dichter, italienischer Politikberater, war gegen den Versailler Vertrag)
- 1863 Frederick Parkes Weber (Arzt, beschrieb als erster die Ursachen des "Riesenwuchses")
- 1863 Alexandré Yersin (Bakteriologe, entdeckte den Erreger der Pest)
- 1863 Henry Royce (Ingenieur, entwickelte leistungsstarke Motoren)
- 1863 Rufus M. Jones (Philosoph, schuf das Buch "The inner Life")
- 1863 Vivekananda (Philosoph der Vedanta - zeigt den Weg zur Hingabe, Opfer und Liebe)
- 1863 Hermann Bahr (Theaterkritiker und Dramatiker, schrieb u.a. das Drama "Der Querulant")
- 1863 Henry Ford (erfand die Fließbandmontage)
- 1863 Adele Schembor (gründet ein Lehrerinnenheim in Wien)
- 1863 Adele Sandrock (Schauspielerin ... Beispiele)
- 1863 Therese Schlesinger (Frauenrechtlerin, Nationalrätin (Beispiele), für Kinder- & Jugendschutz)
- 1864 Louis Jean Lumiere (Vater des Kinos)
- 1864 Wilhelm Wien (Physiker, entwickelte das Wiener´sche Verschiebungsgesetz)
- 1864 Alois Alzheimer (Neuropathologe beschrieb als erster die Erkrankung der Hirnrinde)
- 1864 Franz Oppenheimer (Soziologe, stellte sich gegen wirtschaftliche Ausbeutung des Menschen ...)
- 1864 Józef Konrad Paczoski (Botaniker, gründete Hochschulinstitut für Pflanzensoziologie in Posen)
- 1864 Jakob von Uexküll (Biologe, führte den Begriff Umwelt ein, Wegbereiter der Ökologie)
- 1864 Willy Wolterstorff (Herpetologe, erstellte die größte Sammlung von Molchen und Salamandern ...)
- 1864 Frank Wedekind (Schauspieler, schrieb gegen Bürgertum + seine Scheinmoral -> "Mine-Hara")
- 1864 Camille Claudel (franz. Bildhauerin, zählt zu den großen Meistern der Bildhauerkunst)
- 1864 Ricarda Huch (Philosophin, war entschiedene Gegnerin des Nationalsozialismus)
- 1864 Alexander Schmitz (Regelbuch z. Lösung der Dienstbotenfrage = humaner Umgang mit Personal)
- 1864 Johanna Elberskirchen (Frauenrechtlerin ...)
- 1864 Adele aus der Ohe (Pianistin ...)
- 1865 Jefimowitsch Rasputin (nutze als erster Mensch bewusst das seelische Resonanzprinzip)
- 1865 Erich Ludendorff (Chef der OHL im WW1, Wegbereiter A. Hitlers Hitler-Ludendorff-Putsch)
- 1865 William Butler Yeats (irischer Dichter, schrieb ausgezeichnete irische Folklore)
- 1865 Rudyard Kipling (kritisiert die Selbstgefällig- und Selbstherrlichkeit des Britischen Empire)
- 1865 Peter Boysen-Jensen (bedeutender Botaniker)
- 1865 Otto Julius Bierbaum (Literat und Reiseautor, schrieb "Yakeedoodlefahrt")
- 1865 Emil Knoevenagel (Darstellung ungesättigter Carbonylverbindungen)
- 1865 Richard Albert Zsigmondy (bahnbrechender Forscher der Kalloidchemie und der Mikroskopie)
- 1865 Friedrich Paschen (Physiker, entdeckte den Paschen-Black-Effekt)
- 1865 Richard Zschokke (Bauingenieur, baute in der Schweiz die Jungfraubahn)
- 1865 Joachim von Winterfeldt-Menkin (initiierte den Suchdienst des DRK nach dem 2. Weltkrieg)
- 1865 Lily Braun (Aristokratin, die zur Führerin der deutschen Frauenbewegung wurde)
- 1865 Luise Zietz (wurde 1908 als erste Frau in den Parteivorstand der SPD auf Reichsebene gewählt)
- 1865 Agnes Sorma (Schauspielerin, eine "Herzdiebin")
- 1865 Else Richter (Sprachwissenschaftl., zog Psychologie z. Verständnis sprachlicher Vorgänge hinzu)

- 1865 Paula Müller-Otfried (gründete den Deutsch-Evengelischen Frauenbund)
- 1866 William Thomsen Kelvin (Physiker, Thermodynamik, Kelvin-Scala bis heute aktuell)
- 1866 Pitor Lebedew (Physiker, wie den Strahlungsdruck nach)
- 1866 Reginald Fessenden (Pionier der Funkübertragung)
- 1866 Ferdinand Schneider (hatte die Idee zur funkgesteuerten Weltuhr)
- 1866 Bernedetto Croce (Philosoph und Kritiker, schrieb ein Manifest gegen den Faschismus)
- 1866 Karl Holl (Kirchenhistoriker, sieht den Protestantismus als eine Gewissensreligion)
- 1867 Marie Curie (Physikerin und eine der wichtigsten Frauenrechtlerinnen)
- 1867 Felix Eichengrün (1897 erfand das Aspirin nicht Dr. Felix Hoffmann)
- 1867 Alfred Kerr (etabliert die Kritik als ein eigene Kunstform)
- 1867 Sakichi Toyoda (japanischer Erfinderkönig ...)
- 1867 Elsa Maria von Packeney (Frauenrechtlerin, galt als geistesgestört, "Die neue Scheherazade")
- 1867 Edith Hamilton (Autorin, schrieb "*Mythology*" ...)
- 1867 Camilla Theimer (englische Frauenrechtlerin "Leseprobe")
- 1867 Katherine Mayo (amerikanische Sozialreformerin, schrieb 1922 "Mounted Justice")
- 1867 Hedwig Courths-Mahler ("Sozial Benachteiligte überwinden Standesunterschiede durch Liebe")
- 1868 Maxim Gorkij (russischer Sozialkritiker, trat f.d. Versöhnung des Kommunismus m.d. Kirche ein)
- 1868 Robert Andrews Millikan (Physiker, erforschte den photoelektrischen Effekt)
- 1868 Arnold Sommerfeld (Physiker, erklärte die Feinstruktur der Spektrallinen des Wasserstoffs)
- 1868 Karl Bonhoeffer (Neurologe & Eugenetiker, war gegen das Euthanasie-Programm der NS-Zeit)
- 1868 Maria Czeslawa Przewoski (polnische Autorin ...)
- 1868 Käthchen Paulus (Erfinderin des zusammenlegbaren Fallschirms)
- 1868 Linda Gustava Heymann (Frauenrechtlerin, gründete die Zeitschrift "Die Frau im Staat")
- 1868 Adele Gerhard (machte auf Konflikt der Doppelbelastung von berufstätigen Müttern aufmerksam)
- 1868 Elsbeth Meyer-Fröster (Autorin, schrieb u.a. "Also sprach eine Frau")
- 1868 Hedwig Bleibtreu (Filmschauspielerin ...)
- 1868 Stephan George (elitärer Dichter + Pazifist, lehnte den 1. Weltkrieg vehement ab)
- 1868 Otokar Brezina (bedeutendster tschechischer Dichter ...)
- 1869 Johan Hjort (erforschte die Weltmeere)
- 1869 Gustaf Dahlen (Physiker, erfand ein neuartiges Beleuchtungssystem für Leuchttürme - Nobelpreis)
- 1869 Gustav Mie (Physiker, entwickelte das "Miesche Einheitensystem")
- 1869 Harvey Williams Crushing (Neurologe + Chirurg, Wegbereiter der Diagnostik von Hirntumoren)
- 1869 Adelheid Popp (Frauenrechtlerin, Verein "sozialdemokratischer Frauen und Mädchen in Wien")
- 1869 Edith Craig (britische Theaterregisseurin ...)
- 1869 Helene Stöcker (Frauenrechtlerin, setzte sich aktiv für die sexuelle Befreiung der Frauen ein)
- 1870 Ida Dehmel (Frauenrechtlerin, gründete *Frauenbund zur Förderung deutscher bildender Kunst)*
- 1870 Marianne Weber (...)
- 1870 Romolo Murri (Theologe, wollte die katholische Kirche zu einer Demokratie umwandeln)
- 1870 Maria Montessori (entwickelte die Montessori-Pädagogik)
- 1870 Georges Claude (Physiker; erfand die Neonröhre)
- 1870 Jean-Baptiste Perrin (Physiker, erforschte diskontinuierliche Struktur der Materie -> Nobelpreis)
- 1870 George Holt Thomas (engagierte sich für die Entwicklung von Flugzeugen ...)
- 1870 Dora von Stockert-Meynert (Schriftstellerin schieb "Die Blinde")
- 1871 Friedrich Krukenberg (Arzt, erforschte Tumore)
- 1871 Christian Morgenstern (Dichter, schrieb urkomische Gedichte, z.B. Galgenlieder)
- 1871 Ernest Rutherford (Physiker, teilte die Radioaktivität in Alpha-, Beta- + Gammastrahlen auf)
- 1871 Walter Stoeckel (Gynäkologe, entwickelte eine Methode zur Entfernung der Gebärmutter)
- 1871 Erich Tschermak (Botaniker, setzte Vererbungsregeln Gregor Mendels für Pflanzenzüchtung ein)
- 1871 Franziska Gräfin zu Reventlow (Autorin, schrieb "Christus - ein Interview")
- 1871 Hildegard Ziegler (war die erste Frau Deutschlands, die einen Doktortitel erwarb)
- 1872 Alfred Mombert (jüdischer Lyriker mit mystisch-visionären Werken, ab 1934 verboten)
- 1872 Piet Mondrian (abstrakter Maler)
- 1872 Ludwig Klages (Psychologe, Begründer der ausdruckswissenschaftlichen Graphologie)

- 1872 Gotthold Herxheimer (veröffentlichte pathologische Lehrbücher zur menschlichen Anatomie)
- 1872 Marie Cervinca (Frauenrechtlerin in Wien, trat für den Mutterschutz ein)
- 1872 Eugenie Schwarzwald (Schulreformerin, initiierte die "Landverschickung" von Kindern)
- 1872 Herriet Straub (Ärtzin + Autorin: *"Die Araber in Algerien")*
- 1873 Adele Schreiber-Krieger (Sozialpolitikerin, Deutsche Gesellschaft für Mütter- und Kinderschutz)
- 1873 Rudolf Kassner (aufrechter und sehr eigenwilliger Gesellschaftskritiker -> lesenswert)
- 1873 Sunao Tawara (Arzt, beschrieb das Erregungsleitsystem des Herzens -> Herzmuskelschwäche)
- 1873 Johann Schütte (baute 1914 das modernste Luftschiff der Welt)
- 1873 Jakob Wassermann (jüdischer Schriftsteller, Gegner der Philistrosität "Die Prinzessin Ginara")
- 1873 Heinrich Gomperz (Philosoph, schrieb 1953 „Philosophical Studies" ...)
- 1873 Therese von Lisieux (Nonne, sah Hingabe zu anderen Menschen als das Göttliche dieser Erde an)
- 1873 Gertrud Bäumer (Politikerin, Gegnerin des Nationalsozialismus, sah aber auch das Positive daran)
- 1873 Sidonie Gabrielle Colette (schillernde französische Autorin, wurde als "4" nur ansatzweise tätig)
- 1873 Willa Cather (amerikanische Autorin, schrieb "The Troll Garden")
- 1874 Carl Bosch (entwickelte das Haber-Bosch-Verfahren zur Ammoniak-Gewinnung -> Nobelpreis)
- 1874 Arnold Schönberg (Komponist, atonikale Werke (12-Ton-Musik), Chorwerk "Friede auf Erden")
- 1874 Hugo von Hofmannsthal (österr. Autor, Begründer der Salzburger Festspiele)
- 1874 Viktor Schmieden (Chirurg, entwickelte die Pericardectomie)
- 1874 William Somerset Maugham (Arzt + Schriftsteller, stellte die Welt der Arbeiter naturalistisch dar)
- 1874 Karl Kraus (Pazifist + Literaturkritiker, forderte korrekten Umgang mit Sprache)
- 1874 Mentona Moser (Schweizer Kommunistin aus reichem Hause, initiierte Fürsorgekurse für Frauen)
- 1874 Molly Dewsen (am. Feministin, gründete Sozial-Clubs für Hausangestellte)
- 1874 Selma Kurz (Opernsängerin, Sopran ...)
- 1874 Anna von Gierke (Sozialpädagogin, engagierte sich für die Jugendwohlfahrtspflege ...)
- . 1874 Marie Baum (Sozialpolitikerin, kritisierte Kinderarbeit ...)
- 1874 Lina Hilger (Pädagogin - kam als "4" nicht zum Zug)
- 1874 Jenny Apolant (Frauenrechtlerin, erfüllte ihren Auftrag als "4" nur teilweise)
- 1875 Albert Schweizer (Religionsphilosoph und Arzt; reduzierte theologisch-philosophische Gedanken)
- 1875 Giovanni Gentile (Philosoph, machte in Italien eine liberale Schulreform - "Riforma Gentile")
- 1875 Franz Itting (sozial orientierter E-Werksbesitzer aus Thüringen führte Belegschaft zu Besserem)
- 1875 Carl Gustav Jung (erklärte psychologisch Kunst, Mythologie, Religion, Philosophie und Träume)
- 1875 Qiu Jin (chinesische Frauenrechtlerin, wurde f. ihren Einsatz für ein freies China 1907 enthauptet)
- 1875 Minna Faßhauer (erste Ministerin Deutschlands: "Volkskommissarin für Volksbildung")
- 1875 Celine Vogt (Hirnforscherin, Autorin, schrieb das "Doppelte Lottchen")
- 1875 Carl Gustav Jung (Begründer der analytischen Psychologie)
- 1875 Enno Littmann (Orientalist, setze sich für die Verständigung zwischen Moslems und Christen ein)
- 1875 Hans Würtz (erarbeitete eine spezielle Pädagogik für körperbehinderte Menschen)
- 1875 Gustav Wyneken (Vater der Sexualerziehung in Deutschland)
- 1875 Reginald Prunnet (Genetiker, entwickelte das Prunnet-Quadrat)
- 1875 Rainer Maria Rilke (bedeutendster Lyriker deutscher Sprache)
- 1876 Florette Guggenheim (weckte das Kunstinteresse in ihrer Familie)
- 1876 Helene Granitzsch (gründete den Verein "Säuglingsschutz" + erste Sauglingspflegerinnenschule)
- 1876 Arthur Moeller van den Bruck (Staatstheoretiker war für die konservative Revolution 1920)
- 1876 Otto Diels (Dehydrierungsreaktionen mit Selen)
- 1876 Adolf Windaus (Erforschung des Aufbaus der Sterine und ihres Zusammenhangs mit Vitaminen)
- 1876 Alfred Stock (untersuchte das Gift Quecksilber)
- 1876 Harriet Brooks (Physikerin: erforschte als Frau die Radioaktivität)
- 1876 Wolmar Fellenius (Geotechniker, entwickelte Berechnungsmethode z. Sicherheit von Erddämmen)
- 1876 Karl Imhof (Pionier der Abwasserbehandlung, erfand den Emscherbrunnen)
- 1876 Filippo Tommaso Marinetti (italienischer Schriftsteller, Begründer des Futurismus)
- 1876 Anton Günther (bekanntester erzgebirgischer Volksdichter)
- 1876 Mata Hari (Tänzerin, Begründerin der exotischen Tanzform in Europa, angebliche Spionin ...)
- 1876 Rosa Valetti (Schauspielerin, gründete in Berlin das Kabarett Größenwahn)

- 1876 Lore Agnes (gründete die Arbeiterwohlfahrt)
- 1877 Toni Pfülf (setzte 1919 die Abschaffung des Lehrerinnenzölibates durch)
- 1877 Elisabeth Kuyper (war die erste Frau, die in Berlin 1896 Komposition studierte)
- 1877 Ivry Lee (Public Relations; zwang Rockefeller ehrlich seine Geschäftspolitik darzustellen)
- 1877 Mohammad Iqbal (verglich Philosophien des Orients mit den Westlichen + Vater Pakistans)
- 1877 Francis William Aston (entwickelte den Massenspektrometer)
- 1877 Heinrich Wild (Vermesser, entwickelte einen neuen Theodolit, der bis heute Verwendung findet)
- 1877 Charles Mantoux (Arzt, machte den Tuberkulin-Test populär)
- 1877 Holger Werfel Scheuermann (Orthopäde, entwickelte Heilgymnastik gegen verschiedene Leiden)
- 1877 Hjalmar Schacht (Reichsbankpräsident, befürw. kontrollierte Geldschöpfung durch Notenbank)
- 1877 Réginald Garrigou-Lagrange (Franziskaner, gründete 1. Lehrstuhl für spirituelle Theologie)
- 1877 Gabriele Mnüter (Malerin, rettete die Bilder Wassily Kandinsky's vor den NS-Schergen)
- 1877 Anna Neurath (Schriftstellerin, trat für höhere Bildung von Frauen ein
        + "Geschichte der Frauenbewegung")
- 1877 Else Jerusalem (Autorin, erregte Aufsehen für Darstellung heikler Themen, z.B. "Der Skarabäus)
- 1877 Rosika Schwimmer (Pionierin der ungarischen Frauen- + internationalen Friedenrechtsbewegung)
- 1877 Käthe Löwenthal (Malerin, beeindruckende Kostproben)
- 1878 Lise Meitner (lieferte die erste physikalisch-theoretische Erklärung der Kernspaltung)
- 1878 Ottilie Metzger (Opernsängerin ... in Auschwitz umgebracht)
- 1878 Hermine Körner (Schauspielerin und Regisseurin ...)
- 1878 Sella Hasse (Malerin ...)
- 1878 Berta Lask (Dichterin schrieb revolutionäre Dramen und 1931 *"Kollektivdorf und Sowjetgut"*)
- 1878 Elena Luksch-Makowsky (Bildhauerin, schuf u.a. 1911 in Hamburg die Plastik "Frauenschicksal")
- 1878 Therese Rie (Autorin, schreib "Das Thier im Walde")
- 1878 Helen Dahm (Schweizer Malerin ... erhält 1950 als erste Frau den Kunstpreis der Stadt Zürich)
- 1878 Bertha Kamilla Pauli (Autorin, Theaterstücke sind "Werkzeug für gesellschaftlichen Fortschritt")
- 1878 Wolfgang Gaede (Physiker, Pionier der Vakuumtechnik)
- 1878 Lawrence Joseph Henderson (Biologe, setzte sich für "human relations" in Arbeitsprozessen ein)
- 1878 Hans Carossa (Arzt und Autor. "Die Schicksale Doktor Bürgers")
- 1878 Janusz Korczak (Pädagoge, setzte sich für die Kinderrechte ein)
- 1878 Alfred Döblin (Arzt + gesellschaftskritischer Autor, "Berlin Alexanderplatz" und "Wallenstein")
- 1878 Emmy Freundlich (Direktorin des österr. BM für Volksernährung -> später Mitglied der UNO)
- 1878 Clara Westhoff (deutsche Bildhauerin ...)
- 1879 Leo Trotzky (Gründer der rote Armee und wichtigster Sozialist in Russland)
- 1879 Otto Hahn (entdeckte die Nutzbarmachung der Atomenergie)
- 1879 Hans Bredow (Erfinder des Rundfunks)
- 1879 Carl Wilhelm Oseen (Physiker, ...)
- 1879 Owen Willans Richardson (Physiker, Richardson-Gleichung -> Nobelpreis 1928)
- 1879 Franz von Papen (1932 Reichskanzler beendete Reparationszahlungen gemäß Versailler Vertrag)
- 1879 Grete Meisel-Hess ("Die Intellektuellen" = freie Partnerwahl, Ehe auf Probe dann monogame Ehe)
- 1879 Frida Rubiner (Kommunistin, leitete das Umschulungsprogramms für deutsche Kriegsgefangene)
- 1879 Johanna Senfter (deutsche Komponistin ... eine der ersten Frauen in diesem Fach!!)
- 1879 Thea Schleusner (Malerin, malte eine einmalige Farbenglut)
- 1879 Margarete Bieber (wurde als erste Frau außerordentliche Universitätsprofessorin für Archäologie)
- 1879 Alla Nasimowa (Filmproduzentin, drehte "The red Latern")
- 1880 Helen Keller (taubblinde amerikanische Schriftstellerin, die sich für Unterdrückte einsetzte)
- 1880 Emmy Beckmann (Oberschulräin, baute 1945 maßgeblich das Hamburger Schulwesen wieder auf)
- 1880 William L. Clayton (formulierte den Marshall-Plan für das Nachkriegsdeutschland)
- 1880 Robert Musil (Autor, schrieb den Roman "Drei Frauen")
- 1880 Fritz Grünbaum (Schauspieler, entwickelte die Doppelconférence)
- 1880 Walter von Molo (Begründer des PEN-Clus, griff Emigranten, wie Thomas Mann, scharf an)
- 1880 Paul Ehrenfest (Physiker, fand das ʼEhrenfestsche Paradoxon)
- 1880 Hans Nawiasky (Staatsrechtler, gründete 1938 in St. Gallen das 1. Institut für Verwaltungskurse)

- 1880 Walther Lietzmann (Pädagoge, überarbeitete Unterrichtswerke für den Mathematikunterricht)
- 1880 Seán O´Casey (Autor, kritischer irischer Freiheitskämpfer)
- 1880 Theodor Litt (Philosoph, schrieb u.a. *"Geschichtswissenschaft und Geschichtsphilosophie"*)
- 1881 Alexander Fleming (Penizillin)
- 1881 Mary Antin (amerikanische Autorin, kämpfte für die Rechte von Einwanderern in Amerika)
- 1881 Selma Meyer (Kinderärztin, 1. Professorin für Pädiatrie)
- 1881 Helene Weber (Politikerin, Begründerin der Frauenunion 1951)
- 1881 Alexander Kerenski (Verteidigungsminister von Russland in der Zeit des 1. Weltkrieges)
- 1881 Ewald von Kleist (Generalfeldmarschall widersetzte sich Hitler - leider erfolglos)
- 1881 Hermann Staudinger (Chemiker, Begründer der Polymerchemie -> Nobelpreis 1953)
- 1881 Heinrich Barkhausen (Physiker, entwickelte für Lautstärke die Maßeinheit Phon)
- 1881 Clinton Joseph Davidsson (Physiker, Telekommunikationsspezialist ...)
- 1881 Hans Reiter (Pionier der Hygiene ...)
- 1881 Hans Kniep (Botaniker, erforschte die Photosynthese bei Pflanzen)
- 1881 Karl Snell (Botaniker, entwickelte die Lichtkeimprüfung zur Bestimmung von Kartoffelsorten)
- 1881 Giovanni Papini (ital. Schriftsteller, schrieb "Weltgericht")
- 1882 Günther von Kluge (Generalfeldmarschall bat 1944 A. Hitler den 2. Weltkreis zu beenden)
- 1882 Percy Williams Bridgman (Physiker, konnte als erster Kristalle "züchten" -> Nobelpreis 1946)
- 1882 Arthur Stanley Eddington (Astrophysiker, Licht wird von großen Massen abgelenkt)
- 1882 Hans Geiger (Atomphysiker, erfand den Geigerzähler zur Messung von Radioaktivität)
- 1882 Karl Valentin (Satiriker, kritisierte das Establishment)
- 1882 Franz Kruckenberg (Eisenbahnkonstrukteur, entwickelte den Schienenschnellverkehr)
- 1882 Anna Siemsen (Bildungspolitikerin, Pazifistin ...)
- 1883 Ottilie Reyländer (Malerin ...)
- 1883 Elisabeth Marie Petznek (österr. Erzherzogin trat 1925 in SPÖ ein)
- 1883 George Papanicolaiou (Arzt, entwickelte den s.g. Abstrich zur Krebsvorsorge)
- 1883 Dorothee von Velsen (Frauenrechtlerin, langjährige Vorsitzende des Frauenbürgerinnenbundes)
- 1884 Peter Petersen (Reform-Pädagoge, für Gesamtschulen + pädagogische Ausbildung von Lehrern)
- 1882 Franklin D. Roosevelt (einziger amerikanischer Präsident 4 x gewählt ...)
- 1882 Heinrich Graf zu Dohna-Schlottbitten (Generalmajor, lehnte den Nationalsozialismus ab)
- 1882 August Friedrich Thienemann (Zoologe + Biologe, beschrieb das Ökosystem in Binnengewässern)
- 1882 Giuseppe Prezzolini (gründete die Zeitschrift "La Voce")
- 1883 Walter Gropius (schafft mit Bauhaus Verbindung zwischen Kunst und Industriedesign)
- 1883 Victor Franz Hess (Physiker, entdeckte kosmische Strahlung -> Nobelpreis 1936)
- 1883 Otto Heinrich Warburg (Biochemiker, entdeckte das Atmungsferment -> Nobelpreis 1931)
- 1883 Alexander S. Neill (Pädagoge, glaubte an das Gute in Kindern, schaffte die Prügelstrafe ab)
- 1883 Friedrich Muckermann (Jesuit, leistete Widerstand gegen den Nationalsozialismus)
- 1883 Yogananda (hinduistischer Mönch, stellte Gemeinsamkeiten von Buddhismus, Hinduismus +
    Christentum fest)
- 1884 Denes von Mihaly (Pionier der Grundidee des Fernsehens)
- 1884 Peter Debye (Molekularforschung -> Nobelpreis 1936)
- 1884 Otto Fritz Meyerhoff (Biochemiker, erklärte den Weg der Glykose -> Nobelpreis 1923)
- 1884 Johannes Heinrich Schultz (Psychotherapeut, entwickelte das autogene Training)
- 1884 Carl-Friedrich Goerdeler (Politiker, lehnte Rassenpolitik der Nationalsozialisten ab, hingerichtet)
- 1884 Guy Maunsell (Bauingenieur, baute die größte Spannbetonbrücke der Welt)
- 1884 Bronislaw Malinowski (Sozialanthropologe, war gegen die Instrumentalisierung der Geschichte)
- 1884 Corrado Gini (Demograph, zeigte Ungleichverteilung von Einkommen in Volkswirtschaften auf)
- 1884 Ehm Welk (Gründer der Volkshochschulen)
- 1884 Antonia Sikorski (Lehrerin, gab neue Impulse zur Mädchenerziehung)
- 1884 Regina Ullmann (eigenwillig christlich orientierte Erzählerin mit Zuneigung zu "kleinen" Dingen)
- 1884 Helene Deutsch (Psychoanalytikerin, spezialisierte sich als erste Frau auf die Analyse von Frauen)
- 1884 Eleanor Roosevelt (Menschenrechtlerin + First Lady Amerikas von 1933 - 1945)
- 1885 Fritz Karsen (reformierte die Vorstellungen von Pädagogik)

- 1885 Prof. Dr. H.H. Inhofen (angesehener Forscher in Chemie und Materialwissenschaften)
- 1885 Hermann Weyl (an Physik stark interessierte Mathematiker stellte eine neue Eichtherorie auf)
- 1885 Nils Bohr (Erforschung der Atome und ihrer Strahlung -> Nobelpreis 1922)
- 1885 Lorenz Böhler (Chirurg, Begründer der modernen Unfallchirurgie)
- 1885 Karen Blixen (Autorin, schrieb "Out of Africa" + "Babettes Fest" -> siehe Literatur und Filme)
- 1885 Sofia Jakowlewna Parnok (russ. Dichterin, behandelte die lesbische Liebe in der russischen
        Dichtung zum ersten Mal)
- 1885 Alice Paul (am. Frauenrechtlerin, kämpfte für das Frauenwahlrecht in den USA)
- 1885 Frieda Hempel (Opernsängerin, sang mit Enrico Caruso an der MET in NYC))
- 1885 Grete Wiesenthal (Tanzpädagogin, entwickelte einen neuen unklassischen Tanzstil)
- 1885 Charitas Bianca Bianchi (Gesangssolistin, ...)
- 1886 Wilhelm Frütwängler (begnadeter Dirigent, setzte sich in der NS-Zeit für jüdische Musiker ein)
- 1886 Franz Rosenzweig (Historiker, für interreligiösen Dialog zwischen Juden- und Christentum)
- 1886 Mary Wigman (Tänzerin, begründete die erste Schule für modernen Tanz in Dresden)
- 1886 Walter Schottky (Physiker, fand die Schottky-Barriere)
- 1886 Geoffrey Ingram Taylor (Physiker, erforschte den überschallschnellen Flug)
- 1886 Arthur Kronfeld (Psychiater, bezog die Psychologie in die Psychiatrie ein)
- 1886 Wlasdyslaw Szafer (Ökologe und Umweltwissenschaftler ...)
- 1887 Phillip Harth (Bildhauer, politisch aktiv. Stand während der NS-Zeit unter Polizeikontrolle)
- 1887 Gerhardt Katsch (Begründer der Diabetologie in Deutschland)
- 1887 Henry Moseley (bewies die Richtigkeit der Ordnungszahlen in der Chemie)
- 1887 Reuben Leon Kahn (Immunologe, entwickelte wichtige Bluttests für Syphilis, TBC, Malaria etc.)
- 1887 Nikolai Wawilow (Genetiker, formulierte das Gesetz der homologen Reihen)
- 1887 Waloddi Weibull (erforschte die Ausbreitung von Explosionsdruckwellen)
- 1887 Marc Chagall (Maler - erstellte u.a. interessante Theaterkulissen)
- 1887 Mary Ellen Chase (am. Lehrerin, schrieb mehr als 30 Bücher ...)
- 1887 Paula von Preradovic (Lyrikerin, textete die österreichische Bundeshymne)
- 1887 Maria Jeritza (Wiener Kammersängerin)
- 1887 Georgia O`Keeffe (amerikanische Malerin ...)
- 1888 Johann Maier (verbrachte viele Jahre in Südafrika; Tätigkeit dort mir unbekannt ...)
- 1888 Paul Peter Ewald (Physiker, begründete die dynamische Theorie von Röntgeninterferenzen)
- 1888 Alexander Friedman (Physiker, widerlegte A. Einstein durch sein dynamisches Universum)
- 1888 C. V. Raman (Physiker, entdeckte die Ramanstreuung beim Licht -> Nobelpreis 1930)
- 1888 Max Stern (Physiker, entwickelte die Stern-Vollmer-Gleichung)
- 1888 T.S.Eliot (Lyriker, beschäftigte sich mit der Wiedergeburt des Geistes)
- 1888 Hans Thirring (Physiker, stellte parapsychologische Untersuchungen an ...)
- 1888 Frits Zernike (Physiker, entwickelte das Phasenkontrastmikroskop - Nobelpreis 1953)
- 1888 Wolfgang Kohlrausch (Vater der deutschen Krankengymnastik)
- 1888 Sarvapalli Radhakrishnan (Philosoph, leitete die indische Delegation bei der UNESCO)
- 1888 Anton Makarenko (Pädagoge, entwickelte die sozialistische Kollektiverziehung)
- 1888 Hilda Matheson (gründete den BBC-Radio-Kultur-Journalismus)
- 1888 Christa Winsloe (Autorin, schrieb "Gestern + Heute", 1931 als "Mädchen in Uniform" verfilmt)
- 1888 Tami Oelfken (Reformpädagogin, gründete 1928 in Berlin die erste Gemeinschaftsschule)
- 1888 Emmy Neiendorff (Kammersängerin ...)
- 1888 Betty Heimann (Professorin, erforschte das Denken in Indien)
- 1888 Renée Sintenis (Bildhauerin, schuf neben kleinformatigen Tierplastiken die "Daphne")
- 1888 Rose Frölich (Politikerin, protestierte gegen den Stalinismus und trat aus der KPD aus)
- 1889 Galka Scheyer (Kunstagentin, förderte u.a. Aexeji Jawlensky)
- 1889 Frieda Fromm-Reichmann (Psychotherapeutin, Begründerin der analytischen Psychotherapie)
- 1889 Lilly Schnitzler (Kunstmäzenin, gründete die Max-Beckmann-Gesellschaft)
- 1889 Frans Masereel (Maler und Humanist, trat ein für Menschlichkeit und zeigte Lösungen)
- 1889 Jakob Levy Moreno (Psychiater, Begründer der Gruppenpsychotherapie)
- 1889 Wilhelm Flitner (Pädagoge, wollte, dass die Schüler dem Unterricht eigene Akzente geben)

- 1889 Hannah Höch (Künstlerin entwickelt die Fotomontage)
- 1890 Heinrich Focke (entwickelte maßgeblich den Helikopter)
- 1890 Robert Ley (Begründer der Deutschen Arbeiterfront - die zu Höchstleistungen motivierte)
- 1890 A.D. Kuzmin (sowjetischer Raumforscher ...)
- 1890 Lui Hsiang (einigte Sechuan ...)
- 1890 Wilhelm Leuschner (Vater des Autobahnbaues; kämpfte gegen den Nationalsozialismus)
- 1890 Robert Aylmer Fisher (Genetiker, ein erfolgreicher Nachfolger Darwins ...)
- 1890 Friedrich Oelkers (Botaniker, erforschte Chromosomenmutationen bei Pflanzen)
- 1890 Edwin Howard Armstrong (Erfinder des Multiplexverfahrens)
- 1890 Nikolai S. Trubetzkoy (Linguist, ...)
- 1890 Kurt Tucholsky (Gesellschaftskritiker, Pazifist, warnte vor dem Nationalsozialismus)
- 1890 Stan Laurel (Schauspieler, bildete mit Oliver Hardy das komischste Duo der Filmgeschichte)
- 1890 Marthe Hanau (Bankerin, machte zweifelhafte Börsenspekulationen ...)
- 1890 Gertrud Bodenwieser (Tänzerin, Pionierin des Ausdruckstanzes)
- 1890 Wilhelmine Siefkers (Schriftstellerin, schrieb in niederdeutscher Sprache ...)
- 1890 Bernd Gottlieb Herrmann (umstrittener Anthropologe der NS-Zeit)
- 1891 Funimaro Konoye (Premierminister Japans ...)
- 1891 Rudolf Groeschel (einer der größten zeitgenössischen Maler)
- 1891 Walter Fuchs (Erforschung der Kohlenentstehung)
- 1891 Frederick Banting (Arzt, fand das Insulin -> Nobelpreis 1923)
- 1891 Pier Luigi Nervi (Bauingenieur, erfand den Ferrozement)
- 1891 Walter Eucken (Ökonom, schuf mit Ordoliberalismus die Grundlage der sozialen Marktwirtschaft)
- 1891 Antonio Gramsci (Autor, der Kommunismus scheitert an Hegemonie bürgerlichen Kapitalismus!)
- 1891 Nelly Sachs (Schriftstellerin -> Nobelpreis für Literatur 1966)
- 1892 Fritz Hentzen (Segelflugpionier nutzte den Hangaufwind)
- 1892 Fritz Kortner (Ausnahmeschauspieler, Charakterdarsteller, prägte eine neue Regiegeneration)
- 1892 Amanulla Khan (befreite Afghanistan von Briten, leitete politische + soziale Neuerungen ein)
- 1892 Edward Victor Appelton (Physiker, erforschte die Ionosphäre und entwickelte das Radar)
- 1892 Arthur Holly Compton (Atomphysiker - Nobelpreis 1927)
- 1892 Paul Berthololy (Arzt und Schriftsteller, ...)
- 1892 George Paget Thomson (Physiker, entdeckte Elektronenbeugung am Metallgitter -> Nobelpreis)
- 1892 Donald Wills Douglas (Ingenieur, entwickelte Passagierflugzeuge)
- 1892 Paul Wirz (Ethnologe, erforschte die Ainu ...)
- 1892 Helmuth Plessner (Philosoph, schrieb eine Einleitung in die philosophische Anthropologie)
- 1892 Sir Robert Watsen-Watt (Physiker, erfand das Radar)
- 1892 Martha Muchow (Psychologin, beschäftigte sich mit der Entwicklung von Kindern in Großstädten)
- 1892 Maria Olszewska (Alt-Sopranistin ...)
- 1893 Charlotte Bühler (Kinder- und Jugendpsychologin, entwickelte die ersten Kleinkindertests)
- 1893 Coalhouse Walker jr. (kämpfte für juristische Gleichbehandlung von Schwarzen 1910 in NYC)
- 1893 Mahl (entwickelte das Elektronenmikroskop)
- 1893 Maria Strupca (Schriftstellerin, Ljubljana ...)
- 1893 Lorena Hickok (am. Journalistin ...)
- 1893 Hans Zulliger (Psychotherapeut - Kinderanalytiker, Vorgänger Anna Freuds)
- 1893 Jules Moch (wichtiger französischer Politiker)
- 1893 Christopher Kelk Ingold (Eckpfeiler der organischen Chemie)
- 1893 Karl Jaspers (Philosoph: "Der Mensch scheitert an seinem rationalen Denken")
- 1893 Reinhold Tiling (Raketenpionier, entwickelte wieder verwendbare Raketenflugzeuge)
- 1894 Joseph Müller (Priester, 1944 wegen seines politischen Witzes gegen Hitler zum Tode verurteilt)
- 1894 Aldous Huxley (kritisiert die Entmenschlichung der Gesellschaft durch scheinbaren Fortschritt)
- 1894 Paula Fürst (Pädagogin, strukturierte trotz Nationalsozialismus 1939 das jüdische Schulwesen neu)
- 1894 Alfred Romer (Paläontologe, erforschte die Evolution der Wirbeltiere)
- 1894 Sergei W. Iljuschin (Flugingenieur, entwickelte u.a. Höhenforschungsballons)
- 1894 Ludwig Marcuse (Philosoph + Systematiker (Zitate) schrieb "Mein 20. Jahrhundert")

- 1895 Anna Freud (Tochter von S. Freud ist Begründerin praktikabler Kinderpsychoanalyse in USA)
- 1895 Adolf Scheibe (Physiker, ...)
- 1895 Igor Tamm (Physiker, entdeckte Teilchen, die sich schneller bewegen als Licht)
- 1895 Dickinson Woodruff Richards (entwickelte den Herzkatheder - Nobelpreis 1956)
- 1895 Jiddu Krishnamurti (weder Methoden, Religionen, Lehrer führen zur Wahrheit;
        jeder ist selbst verantwortlich)
- 1895 Georg Wulf (Flugpionier ...)
- 1895 Carl Orff (Musikpädagoge, kindliche musikalische Früherziehung)
- 1895 Inge von Holtzendorff (Autorin der "Seleme" und des Hörspieles "Mond der Toten")
- 1895 Elisabeth Gerter (Schweizer Autorin, schrieb den sozialkritischen Arbeiterroman "Die Stricker")
- 1896 Erich Hünkel (quantentheoretische Deutung der thermodynamischen Eigenschaften des Benzols)
- 1896 Gerty Theresa Cori (Biochemikerin, formulierte den Stoffwechselkreislauf "Cori-Cyclus")
- 1896 Käthe Hamburger (Literaturwissenschaftlerin, ...)
- 1897 Elisabeth Hauptmann (Co-Autorin Bertold Brechts, schieb "Julia ohne Romeo")
- 1897 Joseph Goebbels (Massenmedien werden erstmals zur Indoktrination der Menschen eingesetzt)
- 1897 Wilhelm Reich (Psychologe, leistete wertvolle Beiträge zur Sexual- und Charakterforschung)
- 1897 John Cockcroft (Physiker, legte den Grundstein des Teilchenbeschleunigers)
- 1897 Adolf Portmann (Naturphilosoph, betrachtete die Sonderstellung des Menschen in der Natur)
- 1897 Karel Lamac (Filmregisseur, drehte u.a. "Der falsche Feldmarschall")
- 1898 Gunnar Myrdahl (Nobelpreisträger bemängelte die Armut in Asien)
- 1898 Karl Ziegler (Polymerisatonsverfahren für Ethen -> Nobelpreis 1963; Vater der Kunststoffe)
- 1898 Ralph Howard Fowler (Physiker, Vater der statischen Mechanik)
- 1898 Leó Szilárd (Physiker, Atomwaffengegner entwickelte die Idee der Kernfusion)
- 1898 Wilhelm Neumann (Toxikologe, erforschte tierische Gifte)
- 1898 Adolf Reichwein (Pädagoge, führte jahrgangsübergreifende Konzepte ein)
- 1898 Fritz Theodor Overbeck (Botaniker, setzte sich für die Sicherung von Hochmooren ein)
- 1898 Adolf Remane (Zoologe, gründete 1937 in Kiel das Institut für Meereskunde)
- 1898 Helena Timofeew-Ressowski (Genetikerin ...)
- 1898 Therese Giese (Schauspielerin, gründete in München das Kabarett "Pfeffermühle")
- 1899 Dorothea Bähnisch (Juristin, setzte sich als Anwältin für politisch Verfolgte ein)
- 1899 Ruth Schaumann (Bildhauerin + Lyrikerin, schrieb 1928 "Die Kinder und die Tiere")
- 1899 Ilse Bing (Fotografin, arbeitete sehr professionell)
- 1899 Ernest Hemmingway (Form der Kriegsberichterstattung wurde von den US-Medien übernommen)
- 1899 Anton Moortgat (Archäologe, der neue Wege geht)
- 1899 Wilhelm Röpke (Ökonom, tritt für einen ökonomischen Humanismus ein)
- 1899 John H. van Fleck (Physiker, Elektronenstruktur in magnetischen + ungeordneten Systemen)
- 1899 Helene Suess-Rath (Frauenrechtsaktivistin auf dem Londoner Frauenrechtskongress...)
- 1900 Antoine de Saint Exupéry (Pilot und Autor "Der kleine Prinz")
- 1900 Ernst Brüche (Physiker, Wegbreiter der Elektronenoptik - Elektronenmikroskop)
- 1900 Wolfgang Pauli (Physiker, fand das Neutrino)
- 1900 Charles Sutherland Elton (Ökologe, einer der ersten Umweltschützer, prägte Begriff Ökosystem)
- 1900 Leslie White (Evolutionsforscher, Kultur ist Summe aller kulturellen Aktivitäten der Menschen)
- 1900 Helene Suess-Rath (Frauenrechtsaktivistin auf dem Londoner Frauenrechtskongress ...)

Erlöste Seelen 1901 - heute

- 1901 Edmund Josef von Horváth (Schriftsteller, charakterisierte den Spiessbürger/Philister)
- 1901 Jean Gremillon (franz. Filmregisseur der Avantgarde: Anklage gegen den Krieg)
- 1901 Linus Carl Pauling (Elektronenstruktur von Atomen - Nobelpreis - Gegner von Atomversuchen)
- 1901 Enrico Fermi (Physiker, entwickelte die erste kontrollierte nukleare Kettenreaktion)
- 1901 Wilhelm Hanle (Physiker, entdeckte den Hanle-Effekt)
- 1901 Werner Heisenberg (Physiker, begründete die theoretische Quantenmechanik - > Nobelpreis 1932)
- 1901 Ernst Krenkel (professioneller Amateurfunker entwickelte ...)
- 1901 Edith Louise Potter (Pathologin, ...)

- 1901 Margaret Meat (am. Ethnologin "Sozialverhalten ist formbar und kulturbestimmt")
- 1901 Margarete Buber-Neumann (Publizistin, schrieb "Als Gefangene bei Stalin in Hitler")
- 1901 Corentin Louis Kervran (Forscher, beschrieb die "kalte Fusion" -> Lösung aller Energiesorgen)
- 1901 Raymond Firth (Ethnologe, arbeitete für den britischen Geheimdienst ...)
- 1901 Michel Leiris (Schriftsteller, scharfer Gegner des europäischen Kolonialismus)
- 1902 Hilde Benjamin (Juristin, beriet bei den Waldheimer Prozessen, jedoch ohne Erfolg)
- 1902 Isaac Bashevis Singer (zeigt Spannungen zwischen Religion und Moderner auf;
       Vorlage für den Film "Yentl")
- 1902 Kurt Alder (Entdeckung und Entwicklung der Dien-Synthese -> Nobelpreis)
- 1902 Bernd Eistert (Synthesereaktion bei Carbonsäuren)
- 1902 Walter Houser Brattain (Physiker/Elektronik: Entdecker des Transistors -> Nobelpreis 1956)
- 1902 Paul Dirac (Physiker, erstellte eine neue Atomtheorie -> Nobelpreis 1933)
- 1902 Rolf Wideröe (Physiker, entwickelte das Betratron)
- 1902 Barbara McClintock (Genetikerin, entdeckte Möglichkeiten der Gen-Manipulation bei Mais)
- 1902 Petrus Pavlicek (initiierte den Rosenkranz-Sühne-Kreuzzug für den Frieden der Welt ...)
- 1902 Felix Wankel (Erfinder des Wankelmotors)
- 1902 Julian Steward (Anthopologe, Menschheit entwickelt sich in ihren sozialen Umfeld differenziert)
- 1902 Edward E. Evans-Pritchard (setzte sich für Zusammenarbeit von Anthropologen + Historikern ein)
- 1903 George Orwell ('Farm der Tiere' -> "Alle sind gleich, doch Einige sind gleicher")
- 1903 Eugen Kogon (Publizist: erbitterter Gegner des Nationalsozialismus)
- 1903 Hans Herdtorf (Ministerpräsident regelte Rechte nationaler Minderheiten im Grenzgebiet)
- 1903 Konrad Lorenz (Verhaltensforschung bei Tieren + evolutionäre Erkenntnistheorie)
- 1903 Adolf Butenand (Identifizierung der Sexualhormone -> Nobelpreis 1939)
- 1903 Ernest Walton (Physiker, zertrümmerte versch. leichte Elemente mit schnellen Protonen)
- 1903 Rudolf Zenker (Chirurg, ...)
- 1903 Konrad Lorenz (Psychologe, entdeckte Aufbau und Auslösung von Verhaltensmustern)
- 1903 William Prager (jüdischer Mathematiker, kämpfte gegen Entlassung durch die Nazis und gewann)
- 1903 Anaïs Nin (franz. Autorin, schrieb erotische Romane, wie z.B. "Delta of Venus")
- 1903 Charlotte Eisenblätter (fertigte Flugblätter gegen das NS-Regime und wurde zum Tode verurteilt)
- 1904 Margherita Wallmann (Tänzerin, Nachfolgerin von Mary Wigmann, Ballettdirektorin ...)
- 1904 Luigi Dallapiccola (Komponist, der gesellschaftliche Missstände in seine Werke einbezog)
- 1904 George Gramow (Physiker, entwickelte ein eigenes Atommodell - thermonukleare Reaktionen)
- 1904 Max Steenbeck (Physiker, entwickelte die Gas-Zentrifuge)
- 1904 Werner Froßmann (Mediziner, beschrieb pathologische Veränderungen im Herz-Kreislaufsystem)
- 1904 Pawel Tscherenkow (Physiker, entdeckte den Tscherenkow-Effekt - Nobelpreis 1958)
- 1904 Burrhus Frederic Skinner (Verhaltensforscher, programmiertes Lernen + Roman "Walden Two")
- 1904 A. Maria da Costa (...)
- 1904 Muhammad Uthman Abd al-Burhani (verbreitete erfolgreich die "Tariqa")
- 1905 Arnold Gehlen (Soziologe, der Mensch überlebt nur durch soziales Handeln)
- 1905 Artjom Iwanowitsch Mikojan (Mitentwickler der MIG-Kampfjets und des Schleudersitzes)
- 1905 Gerard Peter Kuiper (bedeutendster Planetenforscher, verantwortlich für das Ranger-Programm)
- 1905 Felix Bloch (Physiker: u.a. Bloch-Wand -> Nobelpreis 1952)
- 1905 Nevil Francis Mott (Physiker, entwickelte den Mott-Detekor)
- 1905 Walther Müller (Physiker ...)
- 1905 Elias Canetti (sehr vielseitiger Autor, beschäftigte sich mit "Masse und Macht" -> Nobelpreis)
- 1905 Arthur Koestler (scharfer Kritiker von Hitler und Stalin + der "Mystifizierung banaler Einsichten")
- 1905 Emilio Segré (Physiker, entdeckte Technetium -> Nobelpreis 1959)
- 1905 Bertha Drews (Schauspielerin und Filmschauspielerin ...)
- 1906 Herbert Wehner (westdeutscher Politiker, der den Ost-West Dialog maßgeblich vorantrieb)
- 1906 Maria Goeppert Mayer (Physikerin, bekam als Frau den Physik-Nobelpreis 1963)
- 1906 Ettore Majorana (genialer Physiker, der aber spurlos verschwand ...)
- 1906 Shinichiro Tomonga (Physiker, Luttingerflüssigkeiten ...)
- 1906 Hans Asperger (Kinderarzt, erarbeitete die medizinischen Grundlagen der Heilpädagogik)

- 1906 Albert Sabin (Kinderarzt, entwickelte die Schluckimpfung gegen Kinderlähmung)
- 1906 Heinrich Roth (Pädagoge, Schule zwischen Reform und Restauration ...)
- 1906 George Ledyard Stebbins (Botaniker, erforschte die Evolution von Pflanzen)
- 1906 Grace Hopper (Computerpionierin, wurde als Frau erst mit 80 Jahren aus der US-Army entlassen)
- 1906 Josephine Baker (Tänzerin, protestierte gegen den Rassismus, tanze meist nackt)
- 1907 Manfred von Ardenne (Erfinder des Elektronenröhren und des Bildschirmes - 1930 Fernsehen)
- 1907 Bruno Lambert (Physiker, heiratete jüdische Supersportlerin Gretel Bergmann, einen Ex-Mann)
- 1907 Rene Char (franz. Autor, organisierte Resistance in Südfrankreich bis zur Landung der Alliierten)
- 1907 Wolfgang Peierls (Physiker, formulierte das optische Theorem)
- 1907 Hideki Yukawa (Physiker ...)
- 1907 Josef Issels (setze sich für eine ganzheitliche Behandlung von Krebspatienten ein)
- 1907 Rachel Carson (Zoologin, durch den rigorosen Pestizid-Einsatz entstehen irreparable Schäden)
- 1907 Georges de Mestral (Erfinder, ...)
- 1907 Alfred Delp (Jesuit, entwickelte 1940 ein Modell für eine Gesellschaftsordnung nach der NS-Zeit)
- 1907 Helmuth James Graf von Moltke (Widerstandskämpfer gegen den Nationalsozialismus)
- 1908 Gerd Gaiser (Schriftsteller, kritisiert die bundesdeutsche Wirtschaftswunder-Mentalität)
- 1908 Willard Frank Libby (Isotopenforscher entwickelte die Radiokarbonmethode -> Nobelpreis 1960)
- 1908 Hannes Alfvén (Physiker, Magnetohydrodynamik -> Nobelpreis 1970)
- 1908 Ilja Frank (Physiker, Grundlagen zum Verständnis des Tscherenko-Lichtes -> Nobelpreis 1958)
- 1908 Józef Rotblat (Physiker, kämpfte gegen die Abschaffung aller Atomwaffen -> Friedensnobelpreis)
- 1908 Edward Teller (Physiker, erklärte den Jan-Teller-Effekt)
- 1908 Alexander Mitscherlich (Psychoanalytiker, erforschte u.a. die Grundlagen kollektiven Verhaltes)
- 1908 Elly Golland (dt. Kinderheimleiterin in Lublin; vermittelte illegal 34 dem Tode geweihte Kinder)
- 1909 Heinrich Graf Lehndorff (lehnte sich gg. ethnische Säuberungen in Ostpreußen auf -> hingerichtet)
- 1909 Golo Mann (Schriftsteller, wurde als "4" nicht tätig ...)
- 1909 Gerherd Gentzen (Mathematiker, ist Begründer der modernen mathematischen Beweistheorie)
- 1909 William Webster Hansen (Physiker, entwickelte das Klystron + die Kernspinnresonanz)
- 1909 Gian-Carlo Wick (Physiker, maß als erster die Lebensdauer eine Muons)
- 1909 Viginia Apgar (Anästhesistin, leistet wichtige Beiträge zu Vermeidung von Geburtsschäden)
- 1909 Dorothea Zeemann (Autorin, hat nicht Bedeutendes im Sinne einer "erlösten Seele" geschaffen)
- 1909 Bernhard Grzimek (Zoologe, machte die Tierwelt einem breiten Publikum bekannt)
- 1910 Tatjana Sais (Kabarettistin, kritisierte das NS-Regime)
- 1910 Jean Anouilh (bedeutendster Theaterautor des 20. JH)
- 1910 Howard Roak (Architekt in New York ging einen einsamen Weg, vollkommen integer)
- 1910 Akira Kurosawa (Filmregisseur, der westliche Kultur nach Japan brachte)
- 1910 Dorothy Mary Hodgkin (Struktur des Vitamins B12 -> Nobelpreis 1964)
- 1910 Subrahmanyan Chadrasekhar (Physiker, fand "Grenzmassen für weiße Zwerge" - Nobelpreis)
- 1911 Luis Walter Alvarez (Physiker, Elementarteilchen-Physik - Nobelpreis 1968)
- 1911 Erwin Wilhelm Müller (Physiker, erfand das Feldelektronenmikroskop + damit Atome sichtbar)
- 1911 Berthold Rubin (umstrittener Althistoriker, setzte sich für ein vereintes Deutschland ein ...)
- 1912 Glenn Theodor Seaborg (isolierte und identifizierte Transurane -> Nobelpreis)
- 1912 Edward Mills Purcell (Physiker ...)
- 1912 Alfred Jensch (Konstrukteur, baute das damals größte Spiegelteleskop bei Jena)
- 1912 Chien-Shiung Wu (Physikerin, beschäftigte sich mit dem Beta-Zerfall)
- 1912 Vilma Sturm (entschiedene Aktivistin der westdeutschen Friedensbewegung nach WW2)
- 1913 Robert Jungk (gilt als der erste ernsthafte Zukunftsforscher)
- 1913 Stanley Earl Kramer (wagte sich als Regisseur an politisch brisante Themen)
- 1913 Schalom Ben-Chorin (Religionswissenschaftler, setzte sich für christlich-jüdischen Dialog ein)
- 1913 Peter Glenville (anspruchsvoller Theater- + Filmregisseur, beschäftigte sich mit Thomas Becket)
- 1913 Wolfgang Paul (Physiker, gilt als Pionier der Teilchenphysik - Nobelpreis 1989)
- 1913 Otto Schmitt (erfand den Schmitt-Trigger zur Erzeugung digitaler Signale)
- 1914 Adolf Harnack (beklagte kath. Kirche als Apparat mit weltlicher Rechts- + Kultusordnung)
- 1915 Norman Foster Ramsey (Physiker, präzise Zeit und Frequenzmessungen -> Nobelpreis 1989)

- 1915 Thomas Gibson (Immunologe, erforschte die Abstoßung transplantierter Organe)
- 1915 Hans Liebherr (Erfinder, entwickelte den ersten Turmdrehkran und andere Baumaschinen ...)
- 1915 Rupprecht Gerngross (Dolmetscher, Widerstand gegen NS-Regime in den letzten Kriegstagen ...)
- 1915 Thomas Merton (Pater + Schriftsteller, setzte sich in den USA für die Menschenrechte ein)
- 1915 Orson Welles (Filmregisseur, schrieb neben "Citizen Kaine" "Herr Satan persönlich")
- 1916 Robert McNamara (Verteidigungsminister der USA beendete den Vietnam-Krieg)
- 1916 Alexander Prochorow (Physiker, ...)
- 1916 Maurice Wilkins (leitete als Erster DNA-Strukturen richtig nach - Nobelpreis Medizin 1962)
- 1916 Muzaffer Ozak (Muezzin, Autorität der Sufis ...)
- 1917 Erich Apel (hatte in Peenemünde die "zündende" Idee, wie Raketen stabil fliegen können)
- 1917 Gershon Legman (amerikanischer Sozialkritiker, der sich für Homosexuelle einsetzte)
- 1917 David Bohm (Quantenphysiker, Begründer der bohmschen Mechanik)
- 1917 Thelonious Monk (Begründer des Bebop, eines eigenwilligen Jazz-Stils)
- 1917 Heinz Sielmann (Tierfilmer, gründete Stiftung für Naturschutz als positive Lebensphilosophie)
- 1917 Jane Bowles Autorin, schrieb "Zwei sehr ernsthafte Damen")
- 1918 Ernst W. Kalinke (Kameramann fand neue Perspektiven)
- 1918 Betram Brockhouse (Physiker: Neutronensteuerung in Kernreaktoren -> Nobelpreis 1994)
- 1918 Richard Feynman (Physiker, lieferte wesentliche Beiträge zur Quantenfeldtheorie -> Nobelpreis)
- 1918 Frederick Reines (Physiker, wies das Neutrios nach -> Nobelpreis 1995)
- 1918 Martin Ryle (Astronom, entwickelte ein neuartiges Radioteleskop - 1974 Nobelpreis)
- 1918 Julian Seymour Schwinger ("euklidische" Struktur hinter relativistischer Quantenfeldtheorie)
- 1918 Kai Manne Siegbrahn (Physiker, entwickelte hoch auflösende Elektronenspektroskopie)
- 1918 Gunther Philipp (Arzt, Schauspieler und Moderator ...)
- 1918 Elisabeth von der Lieth (Pädagogin, Notwendigkeit Maßstäbe zu vermitteln und anzuerkennen ...)
- 1918 Francis Crick (Biochemiker, entdeckte die transfer RNA der DNA + Seelenforschung ...)
- 1918 Jay W. Forrester (Vater der Systemdynamik)
- 1919 Artur Fischer (Erfinder des Dübels + pädagogischem Spielzeug "Das Denken hört nie auf")
- 1919 Robert Hanbury Brown (Physiker: entwickelte das Intensitätsinterferometer)
- 1919 James Rainwater (Physiker, ... -> Nobelpreis 1975)
- 1919 Emil Bücherl (Pionier der Organtransplantation)
- 1919 Bonifatz Madersbacher (Bischof in Bolivien, setze sich für die Erhaltung der Kultur der Indios ein)
- 1919 Ginette Neveu (französische Geigerin - zu früh gestorben)
- 1919 Marie Schlei (Bundesministerin für wirtschaftliche Zusammenarbeit ...)
- 1919 Marie Kettmann (erste weibliche Abgeordnete des anhaltinischen Landtages)
- 1920 Mutter Theresa (die Mutter der Armen in Kalkutta/Indien)
- 1920 Papst Johannes Paul II (stärkt Polen und führte somit den Zusammenbruch des Ostblocks herbei)
- 1920 Owen Chamberlain (Physiker, die Wirkungsweise von Antiprotonen auf Wasserstoff)
- 1920 Rosalind Franklin (Biochemikerin, zeigte die Doppelhelixstruktur der DNA auf)
- 1920 Isaac Stern (bedeutendster Violinist des 20. JH)
- 1920 Frederico Fellini (Filmregisseur ...)
- 1920 Ernst Meyer (Pädagoge, Vater des Gruppenunterrichts)
- 1920 Rosalind Franklin (Biochemikerin, erforschte die Strukturen von Kohlen und Koks ...)
- 1920 Klaus Mollenhauer (Pädagoge, Begründer der kritischen Erziehungswissenschaft)
- 1920 Bernhard Hassenstein (Verhaltensbiologe, erforschte kindliches Lernen -> "Anwalt der Kinder")
- 1920 Marie Thrap (Wissenschaftlerin, kartierte unerforschte Meeresböden)
- 1921 Patricia Highsmith (Autorin, schrieb "Zwei Fremde im Zug")
- 1921 E. N. Marais (Autor von "Die Seele der weißen Ameise")
- 1921 Leonardo Sciasca (Autor, Mafia-Verfolgung erfolglos, analysierte Machtverhältnisse)
- 1921 Bernhard Lown (erfand die Defibrillation, Vater des Herzschrittmachers)
- 1921 Olgierd Cecil Zienkiewicz (Mathematiker, entwickelte die Finite-Elemente Methode)
- 1922 Nikolei Basov (Physiker, entwickelte das Master-Laser-Prinzip -> Nobelpreis 1964)
- 1922 Hans Dehmelt (Physiker, baute Ionenfallen für die Spektroskopie - > Nobelpreis 1989)
- 1922 Karl-Otto Apel (Pädagoge, entwickelte die Transzendentalphilosophie)

- 1922 Sidney Mintz (Anthropologe...)
- 1922 Carl Amery (gibt dem Christentum die Schuld an der globalen Umweltzerstörung)
- 1922 Miriam Gillis Carlebach (Pädagogin, ...)
- 1923 Rudolph Pariser (berechnete Molekülorbiate)
- 1923 Philip Warren Anderson (Physiker, Elektronenstruktur in Magnetfeldern -> Nobelpreis 1977)
- 1923 Freeman Dyson (Physiker, entwickelte neuartigen Nuklearantrieb für Weltraumraketen)
- 1923 John Caldwell Holt (Pädagoge, forderte mehr Selbstbestimmung der Kinder bei Lerninhalten)
- 1923 Jack Kilby (Ingenieur, Vater der integrierten Halbleiter-Schaltung)
- 1923 Carl Djerassi (Wissenschaftler, entwickelte die Anti-Baby-Pille)
- 1924 Hermann Buhl (einmaliger Alpinist, der Wegbereiter Reinhold Messners)
- 1924 Elliot Skinner (US-Diplomat in Afrika ...)
- 1924 Fred Singer (amerikanischer Klimaforscher, widerspricht Al Gores Weltuntergangsvisionen)
- 1925 Leo Esaki (Physiker, entdeckte den Tunnel-Effekt bei Halb- bzw. Supraleitern)
- 1925 Simon van der Meer (Physiker, Feldpartikel W + Z, die Vermittler schwacher Wechselwirkungen)
- 1925 Yuvál Neman (Physiker, klassifizierte Hadronen durch SU(3) Symmetrie)
- 1925 Hartmut von Henting (Publizist, klärte über menschgemachte Systemzwänge auf)
- 1925 Alexei A. Tupolew (Ingenieur, entwickelte den Raumgleiter Buran)
- 1925 Zygmunt Baumann (Soziologe schrieb "Life in Fragments - Essays in Postmodern Mortality)
- 1926 Donald A. Glaser (Physiker, Kontrollmechanismen der DNA-Synthes in Bakterien -> Nobelpreis)
- 1926 Abdulus Salam (Physiker, förderte eine engere Zusammenarbeit aller physikalischen Institute)
- 1926 Elisabeth Kübler-Ross (Psychiaterin, Begründerin der Sterbeforschung)
- 1926 Leonie Rysanek (Sopranistin, ...)
- 1926 Hamilton Naki (Laie, machte die erste Herztransplantation zusammen mit Christaan Barnard !!!)
- 1926 Kenneth Olsen (Geschäftsmann „das persönliche Leben nicht durch Computer bestimmen lassen")
- 1927 Günther Guillaume (Spion, der den Weltfrieden zwischen Ost und West sicherstellte)
- 1927 Wolfgang_Mattheuer (Maler, Mitbegründer der Leipziger Schule)
- 1927 Dieter Hildebrand (übt seit 1955 erfolgreich satirische Kritik am Establishment)
- 1927 Bernhard Philberth (Physiker, hält mehr als 100 Patente in Kern- und Elektronenphysik ...)
- 1927 Karl-Otto Habermehl (Grundlagenforschung der Virologie)
- 1927 Wolfgang Klafki (Pädagoge, gab der Sachunterrichtsdidaktik eine neue Richtung)
- 1927 Manfred Eigen (Biochemiker, beschrieb den Hyperzyklus -> Nobelpreis 1967)
- 1927 Robert Noyce (Ingenieur, ist Vater des Mikrochips)
- 1927 Marvin Harris (Anthropologe, ...)
- 1928 Andy Warhol (Mitbegründer der Pop-Art)
- 1928 Ernst Gottfried Mahrenholz (seit 1987 Vorsitzender des Bundesverfassungsgerichtes)
- 1928 Alexei Ambrikossow (Physiker, kondensierte Materie -> Nobelpreis 2003)
- 1928 Stanley Kubrick (Regisseur der Extraklasse, der fundierte Sozialkritik betreibt)
- 1928 R.P. Heezen (kartografierte Teile des Ozeanbodens)
- 1928 Ernesto Guevara (Arzt und Revolutionär, wollte Bolivien befreien, Vorgänger von Evo Morales)
- 1928 Humberto Maturana (Neurobiologe, erkannte "Der Geist ist kein Ding sondern der Erkenntnis-
    prozess des Lebens")
- 1928 James Watson (Biochemiker, entwickelte ein Vorhersagesystem zu genetischen Erbschäden)
- 1928 Otti Wilmanns (Botanikerin, entwickelte die Biozönologie - Naturschutz)
- 1928 Carl Woese (Evolutionsbiologe, erforschte die Urbakterien - Archaeen)
- 1928 Zdeněk Veselovsky (Zoologe, opponierte in Prag gegen die kommunistische Regierung)
- 1928 Bálint Balla (Soziologe ...)
- 1929 Anton Lehmden (...)
- 1929 Murray Gell-Mann (Physiker, beschäftig sich seit 1993 mit komplexen adaptiven Systemen)
- 1929 Ivar Giaever (Biophysiker, entwickelte eine Methode zum Nachweis von Immunreaktionen)
- 1929 Wolfgang Schulz (Pädagoge, entwickelte das Hamburger Modell ...)
- 1929 Jill Johnston (amerikanische Autorin und Feministin ...)
- 1929 Dorothee Sölle (Theologin, „Gott hat keine anderen Hände als unsere")
- 1929 Karl Philberth (Techniker, entwickelte die Philberth-Sonde für die Polarforschung)

- 1930 Ivar Ugi (Chemiker, lieferte Beiträge zur organischen Chemie – Mehrkomponentenreaktion)
- 1930 Leon Neil Cooper (Physiker, entdeckte die Supraleitung von Metallen nach BCS-Theorie)
- 1930 Edwin Sherin (US-amerik. Theater- & Filmregisseur, drehte Valdes)
- 1931 James Cronin (US-amerikanischer Physiker ...)
- 1931 Ricardo Giacconi (Physiker, entdeckte die kosmischen Röntgenquellen -> Nobelpreis 2002)
- 1931 Martinus Veltman (Physiker, sagte die Masse eines Top-Quarks vorher -> Nobelpreis 1995)
- 1931 Roger Penrose (mathemat. Physiker, setzt sich mit dem Wesen des Bewusstseins auseinander)
- 1932 Sheldon Lee Glashow (Physiker, fand das Z-Boson - Nobelpreis 1979)
- 1932 Walter Gilbert (Biochemiker, Pionier der Molekularbiologie - Nobelpreis 1980)
- 1932 Dian Fossey (Zoologin, beispielloser Einsatz für die Gorillas in Ruanda ...)
- 1932 Pauline Oliveros (amerikanische Komponistin, schuf einmalige multimediale Werke)
- 1932 Frieda Fiedler (einzigste weibliche SPD-Abgeordnete des Landtages Anhalt)
- 1933 Claude Cohen Tannoudji (Physiker, erstellte ein Standardwerk für Quantenmechanik)
- 1933 Arno Penzias (Physiker, entdeckte die Mikrowellen-Hintergrundstrahlung -> Nobelpreis 1978)
- 1933 Heinrich Rohrer (Physiker, entwickelte das Rastertunnel-Mikroskop)
- 1933 Steven Weinberg (Astrophysiker, forschte zwischen Elementarteilchenphysik + Kosmologie)
- 1933 Susan Sontag (Autorin, kritisierte die gesellschaftlichen Verhältnisse und die Regierung der USA)
- 1934 Joan Didion (amerikanische Intellektuelle Thema: Sterben + Tod)
- 1934 John N. Hall (Physiker, machte Frequenz-Kamm sichtbar -> Nobelpreis 2005)
- 1934 Ulrike Meinhof (Journalistin, verfasse die Grundlagen der RAF)
- 1935 Andy Davenport (Schaffer der Teletubbies, ein Kinderprogramm das weltweit gesehen wird)
- 1935 Herbert Stracke (vereinheitlichte den Strassen- und Wegebau in Deutschland)
- 1935 Knut Ipsen (Jurist formulierte Ideen zur Friedenskonsolidierung in Nachkriegsgesellschaften)
- 1936 Horst Mahler (radikaler Denker der RAF)
- 1936 Samuel Chao Chung Ting (Physiker, entdeckte das J/Psi-Meson -> Nobelpreis 1976)
- 1936 Kenneth G. Wilson (Physiker, kritische Momente bei der Phasenumwandlung -> Nobelpreis 1982)
- 1936 William D. Hamilton (Arzt: „AIDS wurde durch verseuchte Polioschluckimpfungen verursacht")
- 1936 Karl Lehmann (Kardinal, plädierte für Zusammenschluss der katholischen Kirche von Ost + West)
- 1937 Ludwig Karl Mordsein (Maler)
- 1937 Robert C. Richardson (Physiker, Entdeckung der Supra-Fluidität in Helium 3 -> Nobelpreis 1996)
- 1937 Gisela Elsner (alias Hanna Flanders, empfand die DDR als das bessere Nachkriegsdeutschland)
- 1938 Lena Granhagen (Schauspielerin)
- 1939 Lutz von Werder (Dozent, gab der "antiautoritären Erziehung" neue Impulse)
- 1939 Peter Glotz (Bundesminister, erarbeitete Entwurf für die europäische Verfassung)
- 1939 Jack Sarfatti (Physiker, erforscht Möglichkeiten der Erhöhung unserer Intelligenz)
- 1939 Rebecca Wild (Pädagogin, errichtete Schulen in Ecuador nach Montessori-Vorbild)
- 1939 Paula Gunn Allan (Literaturkritikerin, entdeckte den Feminismus in der indianischen Kultur)
- 1940 Kim Chernin (Autorin, "Crossing the Border" Grenzerfahrungen menschlicher Sinnlichkeit)
- 1940 Lillian Federman (Autorin *Chloe Plus Olivia"* Sammlung lesbischer Literatur von 1600 - heute)
- 1940 Joan Nestle (Autorin, gründete die "Gay Academic Union")
- 1941 Theodor Hänsch (Physiker definiert Quantenphysik neu + neue Schwingungsbegriffe)
- 1941 Jonathan David Gross (Physiker, entwickelte die heterotische Stringtheorie - Nobelpreis 2004)
- 1941 Joseph Hooton Taylor (Physiker, entdeckte den Pulsar PSR 1913-16)
- 1941 Stephen Jay Gold (Geologe + Evolutionsforscher, verwendet volksnahe Sprache ...)
- 1941 Fritz W. Kramer (Ethnologe, erforschte Gesellschaften ohne Staat)
- 1941 Dana Meadows (amerikanische Umweltwissenschaftlerin, gründete das "Sustainability Institute")
- 1941 Suniti Namjoshi (indische Feministin, kämpft für die Rechte von Frauen in Indien)
- 1942 Paul Horowitz (Astrophysiker: "nur auf der Erde gibt es intelligentes Leben")
- 1942 Muammar al-Gaddafi (Staatschef, schaffte soz. Staat in Libyen, förderte die afrikanische Union)
- 1942 Stephen Hawking (Astrophysiker, bestreitet, dass es einen "Schöpfergott" gibt)
- 1942 Christiane Nüsslein-Volhard (Entwicklungsbiologin, genetische Kontrolle von Embryonen)
- 1942 Josef D. Sneed (Physiker, verband die Physik wieder mit der Mathematik)
- 1943 Artie Cornfield (veranstaltete in Woodstock die größte Friedensdemo der Welt)

- 1943 Wolf Singer (Hirnforscher schrieb "Keiner kann anders, als er ist")
- 1943 Jean-Pol Martin (Pädagoge, "Lernen durch Lehren ...")
- 1944 Alexander Bradshaw (Die Welt kann ihren Energiebedarf mittels risikoarmer Kernfusion decken)
- 1944 Ute Luig (Ethnologin, ...)
- 1944 Alan Parker (engagierter US-Drehbuchautor von "Mississippi Burning" und "The Wall")
- 1945 Peter Konwitzschny (provoziert in der Welt der Oper)
- 1945 Douglas Dean Osherofff (Physiker, entdeckte die suprafluide Phase von flüssigem Helium)
- 1945 Alexander Polyakow (Physiker, beschäftigt sich u.a. mit Turbulenz ...)
- 1945 Wilhelm Heitmeyer (gründete das Institut für interdisziplinäre Konflikt und Gewaltforschung)
- 1945 Rainer Werner Fassbinder (Filmregisseur, geht neue Wege ...)
- 1945 Rolf Lindner (Volkskundler, Sozialforschung bringt keine Ergebnisse zum sozialen Handeln)
- 1946 Bill Clinton (zeigt den Amerikanern neue Wege)
- 1946 Daniel Libeskind (stellt die Welt der Architektur auf den Kopf)
- 1946 Gerardus t´ Hooft (Physiker, renormierte Eichtheorien, Nobelpreis 1999) ...
- 1946 John C. Mather (Physiker, kosmische Hintergrundstrahlung -> Nobelpreis 2006) ...
- 1946 Biruté Galdikas (Zoologin, erforschte das Verhalten von Orang-Utans)
- 1946 Francisco Varela (Biologe, Hauptbegründer des Mind and Life Institutes)
- 1946 Elisabeth Back-Gernsheim (Soziologin ...)
- 1946 Ulla Hahn (Lyrikerin, schrieb 1993 Liebesgedichte und die Vorlage zum Film "Teufelsbraten")
- 1947 Gerd Binning (Physiker, entwickelte das Rasterkraftmikroskop -> Nobelpreis 1986)
- 1947 Dieter Lenzen (Erziehungswissenschaftler, Medienrezeptionsforschung)
- 1947 Georg Elwert (Ethnosoziloge, analysierte die Probleme der 3. Welt ...)
- 1947 Hubert Seiwert (Religionswissenschaftler relativiert die Gefährlichkeit von Sekten)
- 1948 Dr. Wulf Bernotat (zeigt neue Wege zum Thema Energieversorgung in der BRD)
- 1948 William D. Philips (Physiker, entwickelte Verfahren mit dem Atome abgekühlt werden können)
- 1948 Karin Rieden (Radiologieprofessorin mit politischem Engagement ...)
- 1948 Jesper Juul (Familientherapeut, gesteht Kindern soziale und emotionale Kompetenz zu)
- 1948 Heinz Klippert (Pädagoge, führte die permanente Lehrerfortbildung ein)
- 1948 Eckhart Tolle (Autor, spiritueller Lehrer gibt Lebenshilfe für mehr inneren Frieden und Erfüllung)
- 1949 Horst Ludwig Strömer (Physiker, entdeckte den fraktionierten Quanten-Hall-Effekt -> Nobelpreis)
- 1949 Holly Near (Sozialreformerin, Aktivistin gegen den Vietnam-Krieg ...)
- 1950 Johannes Georg Bednorz (Physiker Hochtemperatur Supraleitung in Keramiken -> Nobelpreis)
- 1950 Russell A. Hulse (Physiker, entdeckte den ersten binären Pulsar -> Nobelpreis 1993) ...
- 1950 Laura Ziskin (US-Filmproduzentin und Drehbuchautorin ...)
- 1950 Barbara Büchner (Kinderbuchautorin, schrieb u.a. "Zeffy gewinnt das Spiel")
- 1951 Edward Witten (Mathematiker, entwickelte neue String-Theorien)
- 1951 Barry Marschall (Arzt, Magengeschwüre werden durch das Helicobacter-Bakterium ausgelöst)
- 1952 Lee Hsien Loonq (Staatschef von Singapur führt ein entschlossenes und strenges Regime)
- 1952 Choa_Kok_Sui (baute weltweites Netzwerk der Prana-Heilkunst auf)
- 1952 Michael Richter (Aphoristiker, schrieb Widersprüche)
- 1953 Dieter Zetsche (erfolgreichster Automobilmanager aller Zeiten; wird neue Wege zeigen)
- 1953 David Deutsch (Physiker, geht davon aus, dass Paralleluniversen unser Universum beeinflussen)
- 1953 Yang Wu (kämpft gegen den Bauboom in China + für die Erhaltung traditionellen Lebensraumes)
- 1953 Tonio delli Colli (Kameramann)
- 1953 Werner Sobeck (Bauingenieur, entwickelte neuartige Baukonzepte)
- 1953 Dominique Perrault (Stararchitekt Frankreichs ...)
- 1954 Erika Franke (leitete als Chefärztin das Bundeswehrkrankenhaus in Ulm)
- 1954 Louis Sarno (Musikforscher ...)
- 1955 Mark Fischetti (der Erfinder des Internets, nicht Tim Berners-Lee (der entwickelte HTML)!!!)
- 1955 Maria Shriver (First Lady of California, erzieht zum Energiesparen + Schonung der Ressourcen)
- 1955 Andreas Gursky (Photograph, verwendete als erster die elektronische Bildbearbeitung)
- 1956 Detlef Heusinger (Komponist fand neue Ausdrucksmöglichkeiten, z.B. die Video-Opera)
- 1957 Cindy Sheehan (US-amerikanische Friedensaktivistin, ermahnt die USA zum Frieden)

- 1957 Carolina Brauckmann (gründete das Projekt "Zukunft stiften" setzt sich für Homesexuelle ein)
- 1959 Evo Morales (Präsident von Bolivien, erklärte Ölvorräte für staatseigen + schenkt Armen Schulen)
- 1960 Bruno Eckardt (Physiker, nichtlineare Dynamik - Schwerpunkt Quantenchaos)
- 1960 Ralph von Mühldorfer (Charity-Club-Manager, entdeckte die 3 Seelenklassen des Menschen)
- 1961 Melissa Etheridge (Musikerin, Homosexuelle ...)
- 1962 John Rhodes (...)
- 1966 Jimmy Wales (Gründer von Wikipedia -> Bildungsinformationen für die ganze Welt)
- 1967 Olaf Schubert (Betroffenheitslyriker ...)
- 1971 Benedetta Ciardi (Physikerin, Max-Plank-Institut f. Astrophysik, sucht Ursprung des Universums)
- 1974 Christiane Paul (Schauspielerin mit abgeschl. Medizinstudium, Botschafter des Welt-Aids-Tages)

Wie bereits oben gesagt, ist die nur eine kleine Auswahl „erlöster Seelen". Sie dienen als Beispiel, wie unsere seelische Welt funktioniert. „Erlöste Seelen" treiben die menschliche Entwicklung voran.

Gott

Durch den Urknall ist eine große Energieform in Milliarden von Einzelenergien (Seelen) zersplittert. Nach dem Energieerhaltungssatz müssen alle Seelen wieder zur Einheit zurückfinden. Dafür müssen sie zuerst einmal Handlungsfähigkeit gewinnen. Dies können sie nur in Verbindung zu dem Lebewesen Mensch, das ihnen Handlungsfähigkeit leiht. Sie leihen dem Menschen während seiner Lebenszeit dafür ihr Bewusstsein.

Zunächst ist jede Seele eine "suchende Seele". Wenn diese Seelen ihr Bewusstsein vom Individualdenken zum Gemeinschaftsdenken etc. verändern, d.h. anderen Menschen uneigennützig helfen, steigen sie auf. Sie werden in ihrem nächsten Erdenleben "wache Seelen". Zusätzlich zu erbbedingten menschlichen Anlagen und kosmischer Prägung bekommen "wache Seelen" Zugang zur seelischen Welt. Als "wache Seele" können sie die Seelenklassen anderer Menschen erkennen und nach einiger Übung den seelischen Gefühlsspeicher anderer auslesen. Sie sind somit "suchenden Seelen" überlegen.

Für besondere Leistungen werden "wache Seelen" erlöst. Nur durch selbstlose Hinwendung zu anderen Seelen wird der Aufstieg zur göttlichen Gemeinschaft möglich. „Wache Seelen" haben in ihrem letzten Leben die Aufgabe, der Menschheit - dem Prometheus gleich - eine ganz besondere Erkenntnis zu überbringen (siehe Listen der "erlösten Seelen"). Nach Abschluss dieser letzten Aufgabe, geht ihr Bewusstsein in die "Gemeinschaft der erlösten Seelen" über. Dieser Gemeinschaft haben die Menschen den Begriff "Gott" gegeben. Ich werde ihn weiter verwenden.

Gott ist also eine Gemeinschaft von Seelen, die sich durch besondere Taten für die Menschheit ausgezeichnet haben. Das Bewusstsein von Gott wird durch "erlöste Seelen" nach Ableben ihres menschlichen Wirts ergänzt. Gott ist die Summe allen Bewusstseins der "erlösten Seelen" von Anbeginn unserer Welt an. Sein Bewusstsein entwickelt sich beständig weiter. Gott ist ein beständiger Entwicklungsprozess, analog zu der Entwicklung, die die Menschheit beständig nimmt.

Gott hat keinerlei Möglichkeit, etwas eigenständig zu schaffen. Die evangelische Theologin Dorothee Sölle stellte fest: „Gott hat keine anderen Hände als unsere". Die Schöpfungstheorien sämtlicher Religionen und Weltanschauungen sind damit hinfällig. Unsere Seelengemeinschaft nutzt lediglich das vorhandene natürliche System dieser Erde, um sich weiter zu entwickeln. Sie hat es nicht geschaffen, versucht es aber beständig, zum Besseren zu verändern, damit sich die Bedingungen für andere Seelen verbessern.

Gott nimmt lediglich Einfluss durch "erlöste Seelen", die für die Sache der Menschheit kämpfen und die Welt zu verändern suchen. Wie alles auf dieser Erde hat dieser Versuch einen unsicheren Ausgang. Der Mensch einer "erlösten Seele" kann krank werden und sterben, er hat evtl. das „Pech", das falsche Geschlecht zu bekommen, das sich auf Grund gesellschaftlicher Verhaltensdoktrin "mit dem einen oder anderen nicht beschäftigen darf" oder er wird auf Grund seiner Aussagen von anderen Menschen verfolgt oder getötet oder ... oder ... Alles ist ein Versuch, die Menschheit voran zu bringen.

Die "erlösten Seelen" sollen unterstützt werden durch "wache Seelen" (ca. 10 % der Menschheit = 660 Mio. Menschen), indem sie die Ideen der "erlösten Seelen" verbessern, um- und durchsetzen. "Wache Seelen" können erkennen, denn sie haben Zugang zur seelischen Welt und den direkten Zugang zu Gott. Gott ist für sie erlebbar, sobald sie diese Erkenntnis in ihr Wachbewusstsein integrieren. Sie kommen deshalb zu anderen Ergebnissen, als die Mehrheit anderer Menschen.

Das System Gott und seine Bedingungen sind klar und einfach. Es ist autokratisch und unabänderbar.

Es ist an der Zeit, das Weltbild von "Gott" gründlich zu revidieren, auch wenn dies den Überzeugungen von Millionen Menschen zuwiderläuft und Prediger wie auch andere „Gottesmänner" arbeitslos macht. Es bringt etablierte Religionsgemeinschaften auf den Boden der Tatsachen oder verschafft ihnen nachträglich das lange gesuchte Fundament.

Da jede Seele ein Teil der ursprünglichen Energieform ist, ist sie letztendlich auch ein Teil von Gott. C.G. Jung hat treffend festgestellt, dass "Gott in der Seele lebt".

Literaturhinweise:

- 331 BC Kleanthes (Philosoph: Das Göttliche ist unsere Vernunft)
-   98 BC Titus Lukretus Carus (bezweifelt Existenz von Göttern)
- 204 Plotin (Philosoph, das Universum wurde nicht durch den Willen eines Schöpfergottes geschaffen)
- 573 Johannes Klimax (Abt, erkannte, nur die "Liebe" führt zur göttlichen Einheit)
- 788 Shankara (hinduistischer Philosoph, Erlösung ist Eigenverantwortung des Menschen)
- 1225 Thomas von Akquin (Unsterblichkeit der Seele + deren Vereinigung mit dem Werkzeug Mensch)
- 1257 Meister Eckhart (Philosoph, erkannte, dass Gott im Jetzt schafft - siehe "erlöste Seelen")
- 1301 Johannes Tauler (Theologe, die Seele ist göttlichen Ursprungs und strebt in die Einheit zurück)
- 1433 Marsilio Ficino (Philosoph, bewies die Unsterblichkeit der Seele in *Theologia platonica*)
- 1511 Michael Servet (Humanist, stellte die Dreieinigkeitslehre in Frage -> als Gotteslästerer verbrannt)
- 1535 Luis Molina (sah in der Willensfreiheit des Menschen das Göttliche in uns)
- 1638 Nicolas Malebranche (Philosoph, trennt Leib und Seele des Menschen)
- 1883 Yogananda (Mönch, stellte Gemeinsamkeiten von Buddhismus, Hinduismus + Christentum fest)
- 1873 Therese von Lisieux (Nonne, die Hingabe zu anderen Menschen ist das Göttliche dieser Erde)
- 1929 Dorothee Sölle (Theologin, „Gott hat keine anderen Hände als unsere")

Teufel und Dämonen

Teufel, Hölle, Dämonen, negative Geist- oder Schattenwesen, wie auch alles Böse, entspringen dem Denken der Menschen. Es sind eigene unterdrückte Begierden oder auch Ängste, die hier an die Oberfläche kommen. Das Potential für "Versuchung" ist im Menschen beinhaltet, sie ist allgegenwärtig. Entsprechend dem Resonanzprinzip ist ein Mensch dafür anfällig, ein anderer nicht.

Wer viel mit solchem Hokuspokus umgeht, dessen Persönlichkeit wird sich negativ verändern. Da alle Seelen energetisch miteinander verbunden sind, können medial begabte Menschen diese "schlechten" Schwingungen aufnehmen und glauben somit an die Existenz irgendwelcher Dämonen. Tatsächlich empfangen sie aber die Schwingungen negativ geprägter Gefühlsspeicher anderer Seelen.

Eigenartigerweise interessieren sich nur Menschen für solche Dinge, die meist schon eine negative Vorprägung haben. Leider nutzen auch alle möglichen Horror- und Schreckensmachwerke in Literatur, Presse und dem Kino/TV dieses Phänomen. Ungebildete Seelen können großen Schaden nehmen. Wache und erlöste Seelen sind dagegen gefeit. Teufel und andere Dämonen gibt es definitiv nicht.

Vermutlich entspringt der Entwurf solcher Schattenwelten dem menschlichen Bedürfnis, die negativen Dinge des Lebens erklären zu wollen und einen Verantwortlichen für die eigene Fehlbarkeit zu finden. Viele sind geneigt, immer die Schuld bei anderen zu finden und auch Unschönes als Lerninhalt anzunehmen. Es gilt selber Verantwortung zu übernehmen.

Doch gibt es bis heute Hexenjagden, nur wurden andere zu den Teufeln auserkoren: Rauschgift, Terrorismus, Ausländer, Hutu/Tutzi usw.

Es gibt jedoch auch reale Bedrohungen, die nicht menschengemacht sind. Naturkatastrophen dieser Welt wie auch aus dem All bedrohen uns. Das Wissen darum ist die Quelle der Apokalypse. Doch ist es falsch, Gott hierfür die Schuld zu geben. Ein evtl. Weltuntergang hat natürliche Ursachen. Es ist nicht die Rache Gottes an einer schlechten Menschheit. Die göttliche Gemeinschaft ist ganz im Gegenteil daran interessiert, dass alle Energieteilchen wieder zur Einheit zurück finden. Rache hat keinen Platz.

Kommunikation

Alle Lebewesen dieser Erde stehen miteinander in Verbindung. Diese Kommunikation erfolgt über das Aussenden und das Empfangen von Schwingungen. Sie erzeugt bei anderen Lebewesen eine Resonanz, die der Jeweilige mit seinem eigenen Gefühlsspeicher (Bewusstsein) abgleicht. Findet er eine Entsprechung, glaubt er zu einem eigenen Ergebnis gekommen zu sein (Wolf Singer).

Falls die empfangene Information für ein Lebewesen relevant ist, erfolgt eine Reaktion (bzw. eine Entscheidung), die wiederum zum Aussenden von Schwingungen führt. Dieses System hat keinerlei Verzögerungen und funktioniert erdumspannend.

Es ist aber "störungsanfällig". Kosmische Schwingungen überlagern dieses Kommunikationssystem genauso wie die Schwingungen anderer Lebewesen oder unsere eigenen Wünsche und Begierden (Krishna: "Alles ist durch unsere Wünsche getrübt - so blenden sie unsere Seele"). Es werden somit "Fehler" in der Resonanz erzeugt. Die darauf folgende Handlung des Lebewesens, wie auch sein Verhalten, verändern sich. Es kann auch sein, dass ein Mensch die Verbindung zu seiner Seele einmal kurzfristig verliert, z.B. durch Überlagerung von anderen Schwingungen. Er wird aber immer alles daran setzen, die Verbindung so schnell wie möglich wiederherzustellen.

Bei Befruchtung der Eizelle im Mutterleib wird das natürliche Kommunikationssystem initialisiert. Dies ist auch der Zeitpunkt, an dem erstmals eine Verbindung zur individuellen Seele aufgenommen wird. Sie wird den Menschen für den Rest seines Lebens begleiten. Über dieses Schwingungssystem steht der Mensch die meiste Zeit mit seiner Seele in Verbindung. Er hat somit Zugang zu seinem seelischen Bewusstsein, das seine Grundeigenschaften stellt.

Erkenntnis: Die Seele ist nicht Bestandteil des jeweiligen Menschen. Sie ist nicht inkarniert ("im Fleische"). Sie leiht dem Menschen ihr Bewusstsein, existiert aber separat in der uns umgebenden Welt, innerhalb unserer Atmosphäre (gemäß östlicher Philosophien: Zwischenwelt).

Diese Erkenntnisse stehen im Gegensatz zu in Deutschland geltenden Definitionen:

1. die Seele leiht dem Menschen seelisches Bewusstsein und macht damit seine Grundeigenschaften aus
2. kosmische (siehe Astrologie) und (um)weltliche Einflüsse beeinflussen sein Verhalten und bilden somit seinen Charakter
3. die Intelligenz eines Menschen ist erblich veranlagt, d.h. sie ist als genetische Anlage natürlichen Ursprungs
4. Geschlecht, Gesundheit etc. sind biologischer Zufall

Jede Seele ist einer "interaktiven Homepage" vergleichbar, die alle Gefühle einer Seele speichert. Sie ist im Gegensatz zu einer Homepage, die lediglich leblose Informationen bereithält, ein Gefühlsspeicher, der durch den mit ihr verbundenen Menschen dauernd abgerufen wird. Die Handlungen des Menschen ergänzen sein seelisches Bewusstsein permanent. Ich nenne dieses System das Worldwide Cosmic Web (WCW). Der Übertragungsweg ist dem 2003 gefundenen Vakuum-Resonanz-Prinzip (Quanten- Teleportation) für Datenübertragungen ohne Funk oder Kabel gleich.

Hinweise: Afrikaner, die Indianer in den USA und andere Naturvölker unterhalten sich intensiv mit ihren Verstorbenen. Sie sehen den Kontakt zur "unsichtbaren" Welt als selbstverständlich an.

Beziehungen

Seelen, die Handlungsfähigkeit durch einen Menschen haben, wählen diejenige Seele aus, die ihrem noch zu zeugenden Kind Bewusstsein verleihen soll. Mit dieser Seele bestand in einem früheren Leben immer ein intensives Verhältnis.

Das bedeutet, dass eine Seele im "Jenseits" (Zwischenwelt) keinen eigenen Einfluss für ihre neuerliche Handlungsfähigkeit hat. Sie ist auf die Mithilfe handlungsfähiger Seelen angewiesen, entsprechend sollte ihr Verhalten im jeweiligen Leben schon auf zukünftige Leben ausgerichtet sein.

Wenn sich eine Seele in ihrem derzeitigen Leben nicht positiv im Sinne der Seelengemeinschaft verhält, wird sie später nur schwerlich eine handlungsfähige Seele finden, die ihr wieder zu neuem Leben verhilft. Besonders wichtig scheint es, auch die Lebensbedingungen für unsere Seelengemeinschaft permanent so zu verbessern, dass man später eine bessere Welt auch für sich selber vorfindet (siehe Karma).

Das Bewusstsein einer Seele hat immer eine Vergangenheit. Vater oder Mutter wählen aus alten Beziehungen eine Seele aus, um ihr wieder Handlungsfähigkeit zu verleihen. Oft wollen sie damit alte Themen aufarbeiten, die ihnen am Herzen liegen. Dann begeben sie sich auf die Suche nach einer Eizelle oder einem Samenspender. Unter diesem Gesichtspunkt, kommt der Zeugung von Kindern eine wesentliche neue Bedeutung zu. Der Mensch schafft nicht nur durch den Zeugungsvorgang irdisches Leben. Ein Elternteil schafft zusätzlich immer noch die Verknüpfung des Bewusstseins des neuen Lebewesens zu einer anderen Seele und verhilft ihr wieder zu Handlungsfähigkeit und zu einer erneuten Möglichkeit, alte "Themen" gemeinschaftlich aufzuarbeiten.

Trotz aller bewussten Steuerung des Zeugungsvorganges durch den Menschen hat er keinen Einfluss auf die Partnerwahl, den Zeugungszeitpunkt, die Gesundheit (z.B. Behinderung) und das Geschlecht des Kindes (Seelen sind geschlechtslos).

Es kommt häufig vor, dass das Bewusstsein einer Seele im vorherigen Leben in einem Mann steckte und nun in einer Frau. Hieraus erklärt sich, dass es sehr "männliche" Frauen gibt oder umgekehrt, "weiche" Männer. Einige kommen nicht damit zurecht, dem gesellschaftlich definierten Rollenbild zu entsprechen, denn sie haben aus ihrem letzten Leben noch eine andere Prägung.

So suchen sich Männer, die im letzten Leben eine Frau waren, gerne dominante Frauen, die im letzten Leben ein Mann waren. Extremformen sind der Wunsch nach Geschlechtsumwandlung oder auch als logische Konsequenz - Homosexualität. Ein Mann, der ein seelisches Bewusstsein hat, das vorher einer Frau gehörte, sucht sich einen starken Mann als Partner. **<u>Oder anders herum:</u>** eine Frau, deren Seele vorher ein Mann war, sucht sich eine hingabefähige Frau als Partnerin (Butches and Femmes). Das Fatale an solchen Verbindungen ist, dass aus solchen Verbindungen kein Nachwuchs hervorgehen kann. Es wird die Chance auf ein neues späteres Seelenleben vertan.

Beispiele Seelenverwandtschaften

Zwei Cousinen (18, beide waren im letzten Leben eine Frau) sind unzertrennlich. Sie waren in ihrem letzten Leben Schwestern. Genauso benehmen sie sich auch heute noch. Jede geht ihren eigenen Weg, aber sie haben das Bedürfnis, sich permanent auszutauschen und wieder zusammenzufinden. Den Urlaub verbringen sie gemeinsam und schlafen wie Geschwister in einem Bett.

Mann (33) trifft eine Frau (38) vor einem Aufzug. Seit 14 Jahren treffen sie sich mindestens 1 x pro Woche, obwohl beide andere Partner haben. Jedes Treffen ist geprägt von tiefer gegenseitiger Vertrautheit, dem Bedürfnis, dem anderen alles mitzuteilen. Wenn sie wieder auseinander gehen, verspüren sie keine Wehmut. Sie waren bis 1760 zwei Brüder, die westlich von Berlin in Brandenburg lebten. Er wurde geboren 1960 in Augsburg, Sie 1955 in Riesa. 1991 konnten sie sich in Dresden wieder finden.

Sie(38) war im letzten Leben ein Mann. Sie ist es gewöhnt, alles selber zu organisieren. Selbst beim Tanzen führt sie, fährt aggressiv Auto, unermüdlich Ski und trinkt Alkohol. Ihre Sexualität ist auf einen schnellen eigenen Orgasmus ausgerichtet. Danach ist es gut, Licht aus und es wird geschlafen. Ihr Partner war im letzten Leben ein Mann. Er vermisst Ihre Hingabefähigkeit. Sie trennen sich nach 7 Jahren kurz und schmerzlos. Sie findet einen neuen Partner, der im letzten Leben eine Frau war. Er ist anpassungsfähig und liebt es, geführt zu werden.

Sie (70) wusste nicht, dass sie als Neugeborenes adoptiert wurde. Sie hat in ihrem ganzen Leben keine innige Verbindung zu ihrer Mutter oder anderen "Verwandten" verspürt. Sie war geprägt von Haltlosigkeit, die sie kompensierte durch Selbstdisziplin, das Aufstellen von festen Regelwerken und dem Festklammern an Besitz. Auf Grund fehlender seelischer Wurzeln hat sie sich von der Welt zurückgezogen und ist ein sehr einsamer Mensch. Auf Grund eines Unfalles verlor sie ein Bein. Sie steht nun im Leben nur auf einem Bein, wackelig, haltlos.

Mann (35) wird Vater einer Tochter (1994). Die Mutter ist streitsüchtig, die kleine Familie kann nicht zusammen leben. Der Mann und die Tochter waren bis 1944 ein Ehepaar. Er verstarb während des 2. Weltkrieges, sie 1993. Beide haben ein unendlich vertrautes Verhältnis zueinander. Es gibt nie Streit, sie tauschen sich permanent aus und haben das Bedürfnis, sich so oft wie möglich zu sehen. Die Mutter der Tochter unterstützt zum Glück diesen positiven Vater-Tochter Kontakt.

Er (27), im letzten Leben eine Frau, spielte mit Puppen, trug manchmal Frauenkleider, mochte Schmuck und kochte grandios. Er hatte immer viele Freundinnen. Eines Tages lernte er einen Mann (35) kennen, der im letzten Leben auch ein Mann war. Seitdem führen sie eine harmonische Partnerschaft, bauten gemeinschaftlich ein Haus. Der Ältere schätzt an seinem Partner die Hingabefähigkeit, der andere die Durchsetzungskraft seines Partners.

Er (54), im letzten Leben eine Frau, trennt sich nach vielen Jahren von seiner Frau (im letzten Leben ein Frau) und gibt den errungenen bürgerlichen Wohlstand auf. Er findet eine neue Partnerin (51), im letzten Leben ein Mann, lässt sich längere Haare wachsen, beginnt leidenschaftlich zu kochen und wendet sich seiner musischen Seite zu. Seine dynamisch-forsche neue Partnerin ist eine nörgelige Beifahrerin, die aber sogleich zum Wagenheber greift, um einen platten Reifen zu wechseln oder auch gerne mit dem Vorschlaghammer Zaunpfähle setzt. Er steht hilflos daneben oder liest in dieser Zeit ein Buch. Sie sind ein glückliches Paar.

Er (35), im letzten Leben ein Mann, heiratet eine Frau (37), im letzten Leben eine Frau. Sie versuchen 7 Jahre, ein Kind zu bekommen. Als sie es aufgegeben haben, wird sie doch noch unverhofft schwanger. Obwohl sie sich des Öfteren streiten, führen sie eine feste und glückliche Partnerschaft.

Schauspieler (38) ganz klar homosexuell (im letzten Leben eine Frau), lernt eine Frau kennen (im letzten Leben ein Mann), sie verlieben sich, heiraten und bekommen 2 Kinder miteinander. Sie sind seit 23 Jahren ein glückliches Paar.

Hinweis: Die Inuit leben mit dem Wissen um Seelenverwandtschaften, sie nennen ihre Kinder „Großmütterchen" oder „Großväterchen".

Ein wirklich interessantes Paar sind Arnold Schwarzenegger (im letzten Leben eine Frau!!) und Maria Shriver (im letzten Leben ein Mann). Beide kennen sich schon seit 1977 und heirateten 1986. Arnold blieb seiner "weichen Seite" auch während einer einmaligen Karriere vom österreichischen Bodybuilder bis zum Gouverneur Kaliforniens treu.

Beispiele Seelenverwandtschaften 2

Stellen Sie sich einmal vor, Ihr Kind hat das Bewusstsein Ihres verstorbenen Großvaters. Hätten Sie nicht Achtung vor ihm? Sie haben sich vielleicht gemäß dem allgemeinen Fortschritt weiterentwickelt, können heute Autofahren und mit dem PC umgehen, surfen im Internet, schreiben E-Mails, fliegen ganz selbstverständlich um die Welt, haben schon den 3. Ehepartner, haben studiert, einen tollen Managementposten und eine Eigentumswohnung. Der große Unterschied zwischen Ihrem Großvater und Ihnen sind die äußeren Gegebenheiten, zuvorderst alles materielle Dinge. Nun hat sich natürlich auch vieles in der Gesellschaft verändert. Sie haben heute eine umfassende soziale Absicherung, leben also in einem veränderten Sozialrechtssystem. Das Strafrecht ist genau genommen seit über 100 Jahren fast gleich geblieben, nur sind heute die Strafen erheblich milder geworden und die Richter haben andere Ermessensspielräume.

Was ist nun im Jahre 2008 anders, als im Jahre 1918, im Geburtsjahr Ihres Großvaters? Denken wir heute anders - viel moderner? Die Gesellschaft hat sich gewandelt, wir sind heute freier, denn je. Wir haben mehr Meinungsfreiheit, keine gesellschaftlichen Beschränkungen mehr, können ein uneheliches Kind ganz normal großziehen, ohne dass es an der nächsten Ecke als Bastard verhöhnt wird, können unsere homosexuelle Neigung öffentlich outen, ohne dass uns mit Gefängnis gedroht wird etc.

Wenn man diese äußeren Veränderungen der letzten Jahrzehnte einmal weglässt, was ist denn der Unterschied zwischen Ihrer Seele und der Seele Ihres Großvaters? Brauchen Sie nicht zuvorderst Zuwendung und Liebe, um sich in dieser Welt zurechtzufinden?

- Haben Sie nicht dieselben Werte?
- Haben Sie nicht dieselben Empfindungen der Freude, wenn Sie das Haus der Großmutter wieder sehen?
- Denken Sie nicht auch an ihren leckeren Apfelkuchen?
- Haben Sie nicht dasselbe moralische Empfinden, was "man" macht und was nicht?
- Haben Sie nicht dieselben Grundwerte, die Sie bei der Erziehung Ihrer Kinder anwenden?
- Lieben Sie vielleicht auch Musik (Großvater liebte Wagner und Sie hören lieber Miles Davis?)

Stellen Sie sich wirklich vor, dass nun ihr gerade geborenes Kind das Bewusstsein Ihres Großvaters besitzt. Würden Sie nicht ganz anders mit ihm umgehen? Hätten Sie nicht erheblich mehr Achtung vor ihm, würden Sie ihm nicht ganz andere Spielräume zugestehen und sich ganz anders mit ihm austauschen?

Beispiel:

(1) Großvater (m) geboren 1919, gestorben 1992 in einem Altenpflegeheim
(2) Sie (w) geboren 1960
(1) Tochter (w) geboren 1994 mit dem Bewusstsein des Großvaters

Denken Sie über die Konsequenzen und Ihre gemeinschaftliche seelische Zukunft nach.

(2) Sie (w) wurden geboren 1960 + Ihr Körper verstirbt 2035 an einem Herzinfarkt
Ihre Tochter (1) bekommt 2018 Ihren Enkel (3)(m), der 2037 auf einer Klassenfahrt mit 19 Jahren einen Sohn (2) mit einer Klassenkameradin zeugt. Die Mutter treibt nicht ab
...
2037 steckt nun evtl. Ihr Bewusstsein (2) in der menschlichen Hülle eines Mannes, der zusammen mit seiner jungen Mutter ohne seelische Bindungen an seine ursprüngliche Familie aufwachsen muss.

Was würden Sie nun von Ihrem Enkel (3) und insbesondere Ihrer Tochter (1) erwarten? Soll er sich nun von seiner Klassenkameradin trotz Kind (2) abwenden oder evtl. auf Abtreibung drängen? Soll er auf eine bessere Heiratschance zu einem späteren Zeitpunkt warten? Haben Sie denn wirklich Lust, in einer vielleicht lieblosen anderen Familie aufzuwachsen? Diese Familie wird sich evtl. wundern, warum Sie so schnell Klavier spielen lernen, toll zeichnen können und alles Schöne lieben (so wie es im letzten Leben war). Ihr neuer Großvater will aber, dass Sie Hufschmied werden. Er nimmt Sie mit auf seine Sauftouren und versucht aus Ihnen, einen "ganzen Mann" zu machen. Wenn Sie Glück haben, können Sie irgendwann einmal ausbrechen, z.B., weil Ihr Lehrer erkannt hat, dass Sie als Feingeist eigentlich auf ein Gymnasium gehören und studieren sollten (siehe den Film: „Der Teufelsbraten").

Vielleicht treffen Sie irgendwann einmal die Seele eines alten Familienangehörigen wieder. Sie verbindet ein altes Band, hegen unendliche Zuneigung zueinander und vertrauen sich bedingungslos. Vielleicht haben Sie auch das Glück, wieder Kontakt zum leiblichen Vater (3) zu bekommen. Er wird sich sicherlich wundern, dass aus Ihnen ein äußerlich roher Kerl geworden ist. Aber vielleicht entdeckt er Ihren wahren Kern? Oder Ihr Vater lehnt Sie eventuell ab, weil Sie so gar nicht seinem Ideal eines wohlerzogenen jungen Mannes entsprechen. Er sollte sich aber fragen, warum er Sie die ganzen Jahre im Stich gelassen hat, warum er mit einem Mädchen, das augenscheinlich nicht den seinen und den Vorstellungen seiner Familie entsprach, ungeschützten Geschlechtsverkehr haben musste.

Sie sehen, es lassen sich alle Varianten der menschlichen Tragödien denken. Das Wichtigste aber ist, dass Sie Ihre Wahrnehmung für menschlich-seelische Beziehungen verändern.

Ich habe einen sehr einfachen Fall konstruiert, um einen Einstieg in diese komplexe Welt der seelisch-menschlichen Beziehungen zu ermöglichen. Konnten Sie dem Vorgang folgen? Wenn nicht, dann nehmen Sie ein Blatt Papier und fangen an, alles aufzuskizzieren. Es ist logisch, Sie werden es schon schaffen!

Denken Sie einmal an andere mögliche Varianten von Verwandtschaftsbeziehungen:

- Ihre 1994 geborenen Tochter hat das Bewusstsein Ihres 1991 verstorbenen Onkels oder das Bewusstsein Ihrer 1992 bei einem Unfall verstorbenen Schwester Ihres Mannes…. usw.

Anmerkung: Die Inuit sehen in ihren Kindern ein verstorbenes Großelternteil. Natürlich ist es nicht immer so einfach, denn die seelische Folge ist niemals eindeutig. Außerdem kann auch einer Seele wieder Handlungsfähigkeit verliehen werden, zu der eine ganz besondere Beziehung zu Lebzeiten bestand. So kann ein adoptiertes Kind der Seele eines für Sie wichtigen Menschen neues Leben schenken, auch wenn vorher keine genetische Verwandtschaftsbeziehung bestand. Das Wichtigste ist die gefühlsmäßige Beziehung, die Menschen zu Lebzeiten zueinander aufbauen, denn eine Seele ist kein Detailspeicher, sondern ein Gefühlsspeicher.

Beispiele Zeugung

Seelen, die Handlungsfähigkeit durch einen Menschen haben, wählen diejenige Seele aus, die ihrem noch zu zeugenden Kind das Bewusstsein verleihen soll. Mit dieser Seele bestand in einem früheren Leben immer ein Verwandtschaftsverhältnis.

Seelen in der „Zwischenwelt" haben keine Handlungsfähigkeit, sie sind passiv. Sie sind auf die aktive Mithilfe handlungsfähiger Seelen angewiesen.

Beispiele:

1. Ein Mann (33) hat Verbindung zu der Seele seiner Großmutter, die 1992 verstarb. Er bemüht sich eine Partnerin zu finden, mit der er ein Kind zeugen kann. Dies gelingt ihm 1993. Ein Sohn wird 1994 geboren. Dieser Sohn hat nun das Bewusstsein seiner Großmutter. Er wird immer ein sehr spezielles Verhältnis zu diesem Kind haben. Falls das Verhältnis früher gut war, kann es wiederum gut werden. Oft sind aber noch unbewältigte Themen zwischen dem Seelenpaar, so dass es sein kann, dass die beiden oft uneins sind oder sich sogar hassen.

    Die Mutter, die ja bisher in keinerlei Verbindung zur Seele ihres Sohnes stand, kann dieses Verhältnis meist nicht verstehen. Sie kann zunächst auch nicht auf Verständnis ihres Sohnes hoffen, denn die beiden sind sich von der Tiefe ihrer Seele fremd.

2. Eine Frau hat Verbindung zu einem Bruder aus einem vergangenen Leben, der erheblich älter war. Der Bruder erschlug damals die gemeinsamen Eltern und wurde hingerichtet. Sie wünscht sich nun, dieses Verhältnis aufzuarbeiten und will ein Kind mit dem Bewusstsein des Bruders. Sie begibt sich auf die Suche nach einem Erzeuger. Nach einem Diskobesuch und einem Quickie im Auto wird sie schwanger. Sie nahm zwar immer die Pille, doch hatte sie diese einmal für 2 Tage "vergessen". Nach 9 Monaten gebärt sie ein gesundes Mädchen, das das Bewusstsein ihres damaligen Bruders hat. Es hat Anpassungsprobleme als Mädchen, unerklärliche Angst vor kleinen Räumen (Gefängniszelle) und Gewalttätigkeit betrunkener Menschen (so wie die Eltern damals waren).

Das Bewusstsein einer Seele hat in unserer zivilisierten Welt immer eine Vergangenheit. Vater oder Mutter wählen aus alten Verwandtschaftsbeziehungen eine Seele aus, der sie wieder Handlungsfähigkeit verleihen wollen. Oft wollen sie damit alte Themen aufarbeiten, die ihnen am Herzen liegen. Dann begeben sie sich auf die Suche nach einer Eizelle oder einem Samenspender. Unter diesem Gesichtspunkt kommt der Zeugung von Kindern eine ganz andere Bedeutung zu. Der Mensch schafft nicht nur durch den Zeugungsvorgang Leben, ein Elternteil schafft zusätzlich immer noch die Verknüpfung des Bewusstseins des jeweiligen neuen Lebewesens zu einer Seele, mit der der jeweilige Elternteil früher eine familiäre Beziehung unterhielt und verhilft dieser Seele somit wieder zu Handlungsfähigkeit - und zu einer erneuten Möglichkeit, alte "Themen" gemeinschaftlich aufzuarbeiten.

Hinweis: Welcher Partner zuerst den Wunsch hat, einer Seele Leben zu schenken, bekommt als erster die Möglichkeit dazu. Das nächste Kind kommt dann aus Verwandtschaftsbeziehungen des anderen Partners. Dieses Prinzip funktioniert auch bei der Zeugung von Zwillingen.

Karma

KARMA ist die Beeinflussung einer späteren Existenz durch das jetzige und frühere Leben. Wer in seinem aktuellen Leben nicht dazu beiträgt, Missstände zu beseitigen, läuft Gefahr, in einem späteren Leben genau damit konfrontiert zu werden. Das muss den Menschen mal klar gemacht werden!

Wenn eine Seele sich nicht so verhält, dass sich Nachfahren gerne an sie erinnern, dann hat sie keine Möglichkeit, für ein neues Leben Handlungsfähigkeit durch andere zu bekommen. Sie wird vergessen und bleibt in der „Zwischenwelt" (ewige "Verdammnis").

Besonders wichtig ist es, auch die Lebensbedingungen für unsere Seelengemeinschaft permanent so zu verbessern, dass man später auch eine bessere Welt auch für sich selber vorfindet (siehe Visionen).

1. Beispiel

Ein politischer Führer (Mann) tritt dafür ein, dass Frauen unterdrückt werden. Dazu gehört, dass Frauen als Kind ihrer Klitoris und der äußeren Schamlippen beraubt werden, sie nicht in die Schule gehen dürfen, kaum soziale Kontakte außerhalb der Familie unterhalten etc. Ein solcher Mann stirbt. Sein Enkel schenkt seiner Seele 3 Jahre nach seinem Tode neue Handlungsfähigkeit. Durch die Laune der Natur wird er zur Frau, hineingeboren in eine Welt, die er mit geschaffen bzw. aus Unkenntnis erhalten hat. Falls er die Geburt durch die zugenähte Vagina der Frau seines Enkels überlebt, wird er erhebliche Orientierungsschwierigkeiten in seinem neuen Leben als Frau haben. Vielleicht protestiert er/sie so vehement, dass er/sie durch Zwangsmaßnahmen ruhig gestellt wird. Falls das alles nichts hilft, wird er/sie vielleicht traditionell gesteinigt oder anderweitig barbarisch zu Tode gebracht?

2. Beispiel

Ein Industriemagnat in China betreibt eine chemische Fabrik und vergiftet Jahrzehnte lang die umliegenden Gewässer. Seine Cousine heiratet einen Tagelöhner und vegetiert mit ihren Töchtern in dieser vergifteten Umwelt. So ab und an macht er ein kleines Geldgeschenk, um die ärgste Not in der Familie seiner Cousine zu lindern. Daran erinnert sich nach seinem frühzeitigen Tod eine seiner Nichten und schenkt ihm neue Handlungsfähigkeit in einem neuen Leben. Er/Sie wird nun genau in diese Situation hineingeboren, die er selber verursacht hat.

3. Beispiel

Eine Frau unterhält die letzten 30 Jahre ihres Lebens keine sozialen Kontakte zu anderen. Sie lebt im Reichtum, doch sie hat keinerlei Empathie für andere. Ihre Seele hat kaum eine Chance, noch einmal Handlungsfähigkeit in einem späteren Leben zu erhalten, denn wer sollte sich schon an sie erinnern?

Wenn nun eine Seele beschließt, einem Verwandten aus einem früheren Leben wieder Handlungsfähigkeit zu schenken, beginnt sie mit der Suche nach einer Samen- oder Eizelle. Auch bei einem One-Night-Stand (ONS) kann somit ein Kind entstehen und damit extreme Probleme.

4. Beispiel

Ein Kind wird in einem ONS erzeugt, dessen Seele früher in einem Verwandtschaftsverhältnis zum Vater stand. Die Mutter hat eigentlich kein Interesse an diesem Kind, denn es steht in keinem Seelenverhältnis zu ihr.

Die Mutter wird ggf.
- das Kind abtreiben oder es zur Adoption freigeben
- es evtl. widerwillig großziehen, notfalls mit Hilfe anderer
- es wird ihr oft schwer fallen, ein inniges Verhältnis zu dem Kind aufzubauen.

Der Erzeuger kann sich entschließen,
- mit der Kindesmutter eine vielleicht mühsame Partnerschaft zu führen
- nicht zusammen zu leben, sondern Kontakt zu dem Kind aufrecht zu erhalten
- das Kind selber groß zu ziehen oder in eine neue Partnerschaft einzubringen.

Das Verhältnis zu dem Kind wird dem Vater immer wichtig sein, auch wenn er nicht mit der Mutter zusammenlebt. Sollte die Mutter ihm das Umgangsrecht mit dem Kind entziehen, wird er trotzdem immer den Kontakt zu dem Kind suchen.

Eine ähnliche Situation kann auch entstehen, wenn das Kind innerhalb einer Ehe gezeugt wurde.

Fazit

Aus dem genannten Gedankenansatz müssen alle Beziehungsthemen neu bearbeitet und analysiert werden. Sämtliche Beziehungsprobleme der Menschen sind darin enthalten, wie auch die Analyse glücklicher Beziehungen egal in welcher Form. Die Psychologie (= Seelenkunde) hat bisher vollkommen versagt. Sie ist ihrer Aufgabe per Definitionem nicht nachgekommen.

Was führt eine Seele zur Erlösung?

Erlösung wird der Seele gewährt, wenn sie zu uneigennütziger Nächstenliebe und dem Dienst an der Menschheit findet. Dies ist der Sinn des Lebens.

Religionsgemeinschaften, die behaupten, Seelen durch Meditationen, persönliche Entbehrung oder große Mühen der Erlösung näher zu bringen, sind auf dem "Holzweg". All dies ist egoistisch auf das Individuum ausgerichtet und hat nichts mit dem Inhalt der Heilsbotschaft zu tun. Wer mit sich selbst beschäftigt ist, kümmert sich meist nicht um andere oder tut keinen Dienst an der Menschheit.

Eine Seele muss ihr Bewusstsein ändern, um erlöst zu werden. Dies wird viele Menschenleben ausmachen. Buddhistische oder meditative Übungen helfen nur insoweit, wie sich die Seele gleichzeitig liebevoll anderen Menschen zuwendet, Anteil nimmt und Beziehungen positiv gestaltet. Dies ist der Urgedanke des Christentums genauso wie die Grundlage des Buddhismus.

Es ist falsch, den Wunsch nach Erlösung in den Vordergrund zu stellen. Zuerst sollte das Streben darauf gerichtet sein, eine „wache Seele" zu werden, also sich offen und entschieden den Menschen und der Menschheit zuzuwenden, bestehende Probleme anzupacken und den Willen zu Veränderungen zu haben (Vita activa oder Katharina von Siena, die sich der Abgeschiedenheit des Klosters abwandte und wieder auf die Menschen zuging).

Menschen mit Zivilcourage und einem ausgeprägten Gewissen wollen und können nicht über Filz, Korruption und kriminelle Machenschaften hinwegsehen. Äußern sie aber öffentlich Zweifel an der Rechtschaffenheit des Handelns in ihren Unternehmen, setzen sie oftmals aus Gewissensgründen ihre Karriere - manchmal sogar ihr Leben - aufs Spiel. In den USA heißen sie "whistleblower" (zu Deutsch: Pfeifer), in Frankreich werden sie "nouveaux justiciers" (zu Deutsch: neue Gerichtsherren) genannt, in Deutschland sind es einfach Leute mit Zivilcourage und einem ausgeprägten Gewissen. Ein aktuelles Betätigungsfeld wäre z.B. der massive Protest gegen Genitalverstümmelung. Hier sind Menschen gefordert, die sich klar widersetzen, um diesem kollektiven Irrtum ein Ende zu setzen. Ein anderes Beispiel ist Bart Weetjens, der Ratten zu Minenratten dressiert, um Landminen in Afrika aufzufinden usw.

CG Jung sah in der Libido des Menschen, den Wunsch zur Einheit zurückzustreben. Die Libido ist stets wirksam.

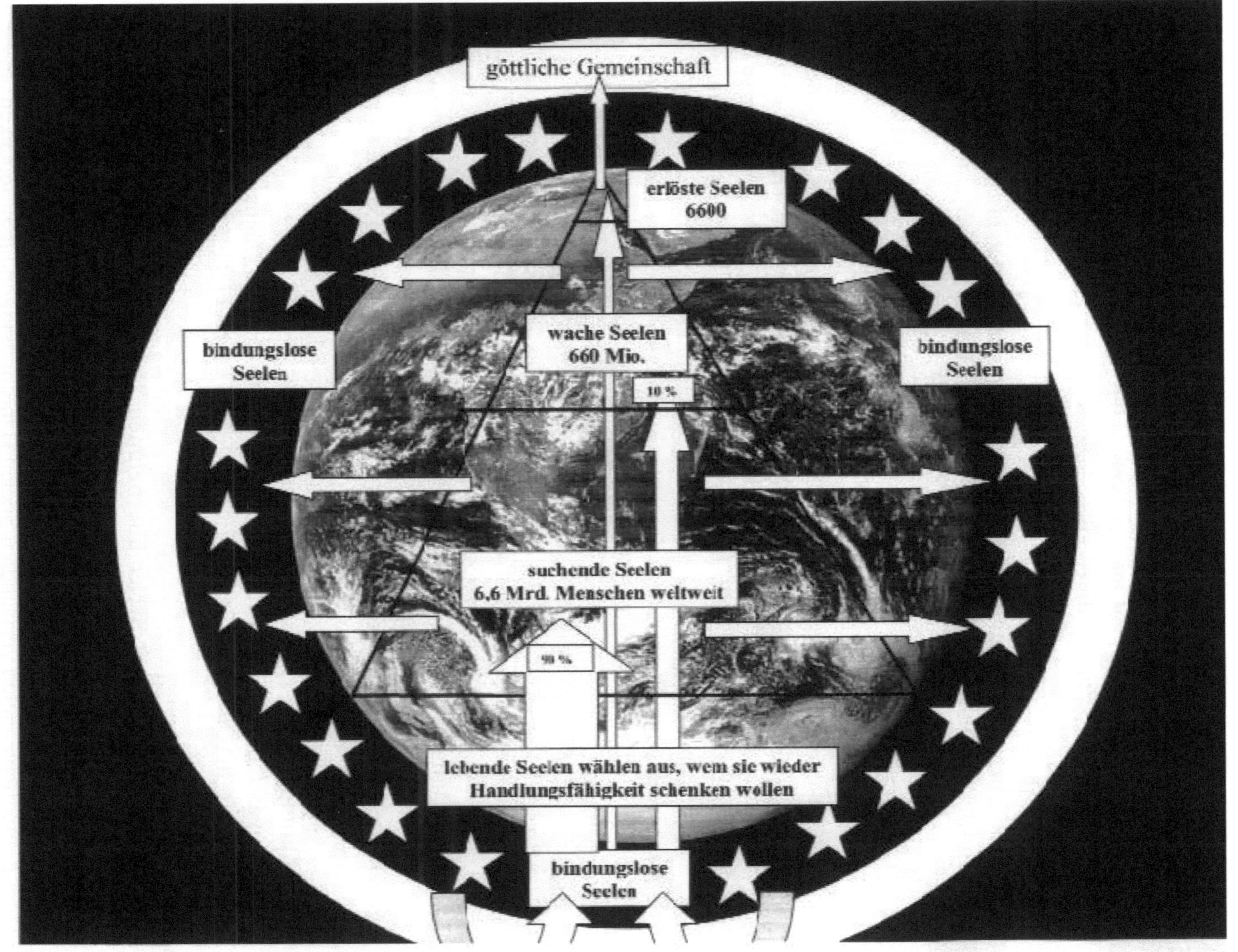

göttliche Gemeinschaft
erlöste Seelen
6600
bindungslose
Seelen
wache Seelen
660 Mio.
10 %
bindungslose
Seelen
suchende Seelen
6,6 Mrd. Menschen weltweit
90 %
lebende Seelen wählen aus, wem sie wieder
Handlungsfähigkeit schenken wollen
bindungslose
Seelen

Fünf Notwendigkeiten für eine positive seelische Entwicklung

Die Menschen müssen verstehen, dass die Weiterentwicklung zu besseren Lebensbedingungen für alle Menschen auf unserer Welt unsere gemeinschaftliche Aufgabe ist, an
der sich ausnahmslos jeder beteiligen muss. Dazu sind notwendig:

1. **Gesundheit**
   Ohne einen gesunden und leistungsfähigen Menschen ist keine positive seelische
   Entwicklung möglich. Darin sind beinhaltet: Sauberes Wasser und Luft, gesunde
   + ausreichende Ernährung + gesundheitliche Prävention + angemessene Unter-
   kunft.

2. **Kommunikation**
   Der Austausch mit anderen Seelen fördert den Frieden und ermöglicht durch
   aufkeimenden Handel materielle Sicherheit für die Menschen. Der dadurch be-
   dingte Austausch von Fertigkeiten (Teilen) ist allen Beteiligten von Nutzen. König Salomo zeigte vor 3.000 Jahren in Israel, wie durch lebendige Kommunikation ein Land innerhalb weniger Jahrzehnte aufblühen und zu materiellem wie
   auch intellektuell/kulturellem Reichtum kommen konnte. Er schaffte es, gegen-
   sätzliche ethnische Gruppen friedfertig unter dem Dach einer Zentralverwaltung
   zu vereinen.

3. **Erkennen der Seele und der größten Kraft des seelischen Universums**
   Die Grundlage dafür stammt von Siddhartha Gautama (Buddha). Dieser Erkenntnis gibt es nichts hinzuzufügen. Seelen müssen vom egoistischen zum Gemeinschaftsdenken finden. Es geht um das Teilen. Hierunter ist aber nicht nur
   das Weggeben von einem Teil seines Hab und Gutes (wie Sankt Martin seinen
   Mantel teilte) oder das uneigennützige Teilen von Wissen zu verstehen, sondern
   insbesondere Anteilnahme für andere zu entwickeln.

4. **Bildung**
   Thomas Jefferson, der Verfasser der amerikanischen Unabhängigkeitserklärung
   forderte, funktionales Wissen zu vermitteln (Verbreitet das „Licht der Wissenschaft!").

5. **Aufgaben für andere Seelen übernehmen** (Ralph von Mühldorfer)

   Vier Aufgaben hat jede handlungsfähige Seele:
   1. die eigene Seele verstehen und ihren Bedürfnissen zu entsprechen
   2. möglichst vielen verwandten Seelen Handlungsfähigkeit zu schenken
   3. sie ins Leben hinein zu begleiten
   4. die seelische Gemeinschaft weiterzuentwickeln.

Sinn des Lebens

Ohne die freiwillige Übernahme von Aufgaben für andere und letztlich die Seelengemeinschaft hat eine Seele keine Chance auf eigene Weiterentwicklung und Erlösung. Es
ist ein unabänderbares Gesetz in unserer seelischen Welt, der eigentlichen Heimat aller
Seelen. Dies ist der Sinn des Lebens.

Derzeit denken die Menschen bei Aufgaben meist nur in Richtung Geldverdienen oder
eigener Selbstverwirklichung. Jeder gute Gedanke wird letztendlich immer in "klingen-
de Münze" umgerechnet, die monetäre Verwertbarkeit überprüft und einem Geschäfts-
und Rentabilitätsplan unterworfen. Der seelische Nutzen hat in keiner Buchhaltung eine
Buchungsnummer. Wenn die Menschen jedes Tun in dieser Welt nur noch unter ökonomischen Gesichtspunkten sehen, dann steuern wir auf die größte Katastrophe der
Menschheit hin.

Alle Forderungen und die Wünsche für eine positive Entwicklung der Seelen sind in
den fünf Notwendigkeiten für eine positive seelische Entwicklung enthalten. Falls zu-
künftig neue Visionen für tragfähige Gesellschaftssysteme formuliert werden, sind diese
Punkte ihre Grundlage. Jede menschliche Handlung ist daran zu messen.

Definitionen

Die Seele ist das Bewusstsein des Menschen. Sie sitzt nicht im Körper eines Menschen,
sondern in der „Zwischenwelt", wie östliche Lehren wissen. Deshalb ist der Begriff
Inkarnation falsch - obwohl viele Inhalte der Inkarnationslehren wieder stimmen. Der
Mensch baut - nachdem er gezeugt wurde - durch seine Kommunikationsrezeptoren
eine Verbindung zu seiner Seele auf, die er das ganze Leben beibehält. Seine Seele ist
seine Rückverbindung zu seinen Gefühlen. Sie ist ein reiner Gefühlsspeicher. Darin ist
die Sonderstellung des Menschen gegenüber allen Lebewesen der Erde begründet.

Das Da-Sein auf dieser Erde zusammen mit dem Tier Mensch ist Mittel zum Zweck.
Die eigentliche Heimat einer Seele ist nicht die Erde, sondern die "göttliche" Einheit,
die sie einst verlassen musste. Aristoteles schrieb in "De Anima": "... die **Aktivitäten**
der Seele, sind nicht vom Körper der Materie getrennt...." . Nur wenn sie sich in einem
Körper befindet, kann sie zur Erlösung hinarbeiten.

Es gibt kein Unterbewusstsein; es gibt nur einen Gefühlsspeicher. Darin ist 5% bewusst
und 95% unterbewusst. Ich schaffe hiermit das Wort Unterbewusstsein ab. Trotzdem
kann von bewussten und unbewussten Inhalten gesprochen werden. Viele sind ver-
drängt, Sie können das menschliche Verstandessieb bzw. die Verstandesschranke nicht
bewusst passieren.

Das gesamte Bewusstsein ist die Seele. Sie ist ein Gefühlsspeicher, die alle Erfahrungen
sämtlicher Leben einer Seele sammelt, hierzu gehören auch kollektive Erfahrungen von
menschlichen Gruppen in denen die Seele lebte oder derzeit lebt (CG Jung: Mutterbo-
den der menschlichen Erfahrungen ist bedeutend größer als bisher angenommen). Der

Verstand eines Menschen ist die Schranke, die oft alte Inhalte oder nicht verstandene Inhalte zurückdrängt. Damit wird "wahre Erkenntnis" für den Menschen schwierig, es fehlt ihm für die Zukunft Orientierung. Dies ist die größte Krux der modernen Menschheit.

Weiterführende Literaturhinweise

- 926 BC Zarathustra (die Menschen sind frei, sie haben freie Wahl zwischen richtigen + falschen Weg)
- 469 BC Sokrates (Philosoph, glaubte nicht an die Götter Athens, sondern an die Liebe)
- 427 BC Platon (Erkenntnis kommt nur zustande, wenn die Seele vorgeburtliches Wissen hat)
- 331 BC Kleanthes (Philosoph: Das Göttliche ist unsere Vernunft)
- 133 BC Philon von Larissa (misstraute der menschlichen Fähigkeit zur Erkenntnis der Wahrheit)
- 1225 Thomas von Akquin (Unsterblichkeit der Seele + deren Vereinigung mit dem Werkzeug Mensch)
- 1301 Johannes Tauler (Theologe, die Seele ist göttlichen Ursprungs und strebt in die Einheit zurück)
- 1257 Meister Eckhart (Philosoph, erkannte, dass Gott im Jetzt schafft)
- 1433 Marsilio Ficino (Philosoph, bewies die Unsterblichkeit der Seele in *Theologia platonica)*
- 1511 Michael Servet (Humanist, stellte die Dreieinigkeitslehre in Frage)
- 1535 Luis Molina (sah in der Willensfreiheit des Menschen das Göttliche in uns)
- 1632 Baruch (Benedictus) Spinoza (Philosoph, das Lebewesen Mensch ist Teil der Natur)
- 1638 Nicolas Malebranche (Philosoph, trennt Leib und Seele des Menschen)
- 1646 Gottfried Wilhelm Leibnitz (Bibliothekar ...)
- 1810 Eliphas Lévi (Okkultist, schrieb *Le livre des splendeurs;* Christentum fehlt der Kern ihrer Lehre*)*
- 1813 Soeren Kirkegaard (bemängelte, dass sich viele Christen nennen, anstatt das Christentum zu leben)
- 1819 Walt Whitman (Gleichberechtigung Geschlechter/Seelen, Transzendenz + Erkenntnisse zum Tod)
- 1843 Richard Avenarius (Philosoph, "Ökonomieprinzip" für das seelische Leben bzw. Erkennen)
- 1875 Albert Schweizer (Religionsphilosoph & Arzt; reduzierte theologisch-philosophische Gedanken)
- 1875 Carl Gustav Jung (erklärte psychologisch Kunst, Mythologie, Religion, Philosophie und Träume)
- 1893 Karl Jaspers (Philosoph: "Der Mensch scheitert an seinem rationalen Denken")
- 1902 Julian Steward (Anthropologe, Menschheit entwickelt sich in ihrem sozialen Umfeld differenziert)
- 1928 Humberto Maturana ("Der Geist ist kein Ding sondern der Erkenntnisprozess des Lebens")
- 1929 Dorothee Sölle (Theologin, „Gott hat keine anderen Hände als unsere")
- 1942 Stephen Hawking (Astrophysiker, bestreitet, dass es einen "Schöpfergott" gibt)
- 1948 Jesper Juul (Familientherapeut, gesteht Kindern an soziale und emotionale Kompetenz zu)
- 1960 Ralph von Mühldorfer (Aufgaben "wacher Seelen" für die Seelengemeinschaft

Ralph von Mühldorfer

Geboren 1960 in Augsburg. Von Eltern und gesellschaftlicher Gruppendynamik getrieben, sollte RvM immer Wohlverhalten zeigen und sich dem gleichförmigen Trott des Erwerbslebens anschließen. Nach 25 beruflich erfolgreichen Jahren im Management der Werbe- und Bauwirtschaft, vielen 12-16 Stunden Arbeitstagen und unermüdlichem Einsatz für den amerikanischen Service-Club KIWANIS, erlitt er 1997 bei einem Treppensturz eine sehr schwere Fraktur seiner Wirbelsäule. Die daraus resultierende Querschnittslähmung wurde erfolgreich operiert. Er brauchte 1 Jahr der Rehabilitation, um sein Gehvermögen halbwegs wieder herzustellen. In dieser Zeit stellte er fest, dass er zwar beständig und fleißig gekämpft hatte, er aber genau genommen immer alles wieder verloren hatte. Die beständige Jagd nach monetärem Erfolg band seine gesamte Aufmerksamkeit und Lebensarbeitszeit.

2006 wurde bei ihm progrediente Multiple Sklerose diagnostiziert. Somit war eine Erklärung für seine Gleichgewichtsstörungen und zeitweise partielle Lähmung seiner Beine gegeben. Seitdem ist er "nicht mehr berufsfähig" und konnte sich seitdem ganz seinen Studien widmen.

Motto: "Du glaubst zu schieben, und du wirst geschoben". Die Zeit der einkehrenden Ruhe nutzte er zur Rückbesinnung und begann nach innen zu schauen. Seine Neigungen und sein wirkliches Interesse waren seit frühester Kindheit neugierig auf das "Funktionieren" der Gesellschaftssysteme, des Menschen und seiner Seele gerichtet. Er protestierte, hinterfragte und verschlang fast jedes Buch über Religion, Psychologie, Philosophie und Randwissenschaften, wie Esoterik, Energiearbeit, Astrologie.

99 % aller Bücher brachten keine klare Erkenntnis, sie erregten meist seinen vehementen Widerspruch. Unbeirrt von allen Verirrungen der konsumierten Literatur, ordnete er fleißig und systematisch. Schon seit 1993 begann er akribisch alle Informationen über das System Mensch - Seele zu erarbeiten.

Thomas von Aquin: "Des Weisen Amt ist: Ordnen"

So steht über dem gesamten Werk RvM´s: Ordnen, Unterscheiden, Aufteilen und Bewerten. Es entsteht eine Synthese aus Altem und Neuem, streng durchkonstruiert und von einmaliger Klarheit.

Zugang zu seiner "inneren Stimme" fand RvM 2005. Sie ist ihm seitdem der wichtigste Begleiter, die ihm den Weg zeigt und somit immer wieder Ordnung in das Informationschaos dieser Welt bringt. Er sagt: "Alle Puzzleteile sind bereits im Wissen der Menschheit vorhanden, doch sind sie oft in falsche Zusammenhänge gestellt oder durch unsinnige ergänzt worden. Ich werde den Menschen einen klaren Weg aufzeigen, zu einem erfüllten und glücklichen Miteinander."

Nun ist es sicherlich schwierig für Menschen, die in der realen Welt leben und immer möglichst sofort Ergebnisse sehen wollen, so etwas zu verstehen. RvM ist einem Künstler vergleichbar, der getrieben von seiner inneren Stimme ein ganz besonderes Gemälde schaffen will und daran notfalls verbissen sein ganzes Leben arbeitet. Irgendwann einmal ist das "Kunstwerk" fertig und dann fragt sich der Betrachter, wie so etwas überhaupt entstehen konnte. Es erlaubt dann eine neue Sichtweise und viele werden sich fragen, warum sie dies nicht selber erkennen konnten, obwohl das Wissen vorhanden war. Wahrscheinlich wurde es nur in einen anderen Kontext gestellt und somit ergeben sich ganz andere Erkenntnisse?

RvM ist innerlich frei von allen "Spielchen", emotional ungebunden und orientiert sich nicht an anderen. RvM ist in seinem Denken unabhängig von festgefahrenen Schemata und wissenschaftlichem Beweiszwang. Bekannte bezeichneten ihn schon als einen "geistigen Terroristen". Fürwahr - im Mittelalter wäre er vermutlich als Ketzer öffentlich verbrannt worden. RvM wehrte sich stets, einen "klassischen" Weg einzuschlagen, durch den er in vorgedachte Bahnen eingeengt wird.

Das Orakel einer guten Freundin sagte:
"Möge Deine holde Schönheit sich vermehren - immerdar."

Marie von Ebner Eschenbach schrieb 1883: "Wer nichts weiß, muss alles glauben!" und in Dr. Faustus steht: "Menschen verhöhnen, was sie nicht verstehen".

Hinweise

Das Buch wird als Paperback veröffentlicht über Books on Demand GmbH, Norderstedt

1. Es ist erhältlich in jedem Buchhandel, bei AMAZON und anderen Onlineplattformen, die Bücher verkaufen unter der **ISBN: 978383 70 58314.**

2. Parallel erscheint es als kostenloses Download (PDF) von meiner Homepage und anderen Stellen im Internet. Das Buch kann dort meistens in seiner vollen Länge kostenlos herunter geladen werden, **jedoch ohne weiterführenden Links**.

Die Weiterverbreitung ist erwünscht. Um dies auch für die Nutzer rechtlich abzusi chern, habe ich die Rechte über „**creative commons**" folgendermaßen festgelegt:

Sie dürfen:

- das Werk vervielfältigen, verbreiten und öffentlich zugänglich machen

Zu den folgenden Bedingungen:

- **Namensnennung.** Sie müssen den Namen des Autors/Rechteinhabers in der von ihm festgelegten Weise nennen (wodurch aber nicht der Eindruck entstehen darf, Sie oder die Nutzung des Werkes würden entlohnt).

- **Keine kommerzielle Nutzung.** Dieses Werk darf nicht für kommerzielle Zwecke verwendet werden. Wer es in seine Landessprache übersetzen will, muss die Rechte dazu bei mir anfordern. Es wird dann ein kurzer Vertrag erstellt, der auch die Rechte zur Veröffentlichung in dem jeweiligen Land sowie die Einnahmenverteilung regelt.

- **Keine Bearbeitung.** Dieses Werk darf nicht bearbeitet oder in anderer Weise verändert werden.

- Im Falle einer Verbreitung müssen Sie anderen die Lizenzbedingungen, unter welche dieses Werk fällt, mitteilen. Am Einfachsten ist es, einen Link auf diese Seite einzubinden.

- Jede der vorgenannten Bedingungen kann aufgehoben werden, sofern Sie die Einwilligung des Rechteinhabers dazu erhalten.

- Diese Lizenz lässt die Urheberpersönlichkeitsrechte unberührt.

3. Es wird auch eine E-Book-Version als PDF angeboten. Es ist erhältlich bei eMercatura für 4 € unter http://www.emercatura.com/item.php?id=91796. Vorteil gegenüber der Paperbackversion und dem kostenlosen Download ist, dass das E-Book für den PC alle Links zu den Kurzbiografien der ca. 3.000 von mir gefundenen „erlösten Seelen", die auf WIKIPEDIA, bauz.de, ngiyaw-Books, anderen Informationsquellen und die österreichische Nationalbibliothek beinhaltet. Somit könnten die dem Buch zugrunde liegenden Hintergrundinformationen erforscht werden. Voraussetzung ist das Vorhandensein des aktuellen ADOBE Readers 8.0.

Das Problem beim Lesen eines Buches auf einem PC oder Laptop ist, dass die meisten Menschen dabei nicht ungestört sind. Parallel laufen E-Mails ein, der Lieblings-Chat-Partner meldet sich, Freunde rufen über Skype an oder das Ding stürzt aus unerfindlichen Gründen einfach ab.

Wie schön ist es doch, sich mit einem Buch in seinen Lieblingssessel zu setzen, warm in eine Decke gepackt und einen duftenden Tee vor sich. Ich denke, wir alle brauchen diese Auszeiten. Unser Geist entspannt und wir folgen den Ideen des Autors.

Deshalb erscheint dieses Buch parallel als Taschenbuch. Verlegt wird es über BoD (Books on Demand, Norderstedt). Es ist somit genauso wie alle anderen Verlagsveröffentlichungen über das Bestellsystem des Deutschen, Österreichischen und Schweizer Buchhandels verfügbar.

Den Preis habe ich mit 10 € klein gehalten. Meist ist es unwirtschaftlich fast 80 Seiten auszudrucken und dafür einen Stapel DIN A4-Seiten zu erhalten. Ich jedenfalls mag ein gedrucktes Buch mehr, als einen Haufen Büropapier. Nach dem Lesen bekommt es seinen speziellen Platz im Bücherregal und ich kann es später wieder zur Hand nehmen, vielleicht um es noch einmal zu lesen oder um anderen daraus zu zitieren. Vielleicht verschenke ich es auch an einen ganz speziellen Menschen? Meist kaufe ich es dann gleich wieder, denn ich will mich ja eigentlich nicht davon trennen.

Den meisten von uns wird es genügen, meine grundlegenden Gedanken zu erfahren und deshalb das Buch als hinreichend anzusehen. Wer noch weitere Informationen benötigt, ist eingeladen, meine Internetsites zu besuchen. Da ich nicht weiß, ob ich nicht irgendwann einmal meinen Provider wechseln werde, bitte ich Sie, bei Google einzugeben: „wache Seelengemeinschaft". Bitte die „Gänsefüßchen" nicht vergessen!

Auf meinen Sites sind Kontaktmöglichkeiten zu mir angegeben, unter „Fragen & Antworten" viel gestellte Fragen beantwortet und alle neuen Projekte werden dargestellt.

Viel Spaß beim Lesen und bitte, empfehlen Sie dieses Buch weiter, bis es jeden Menschen auf dieser Erde erreicht hat.

Ralph von Mühldorfer

Dresden, 30.05.2008